도형심리로
나를 이기는 기술
타인을 아는 지혜

- 셀프리모델링 프로젝트 첫 단계 '셀프가이던스'
- 직선과 곡선의 조화로운 세상 만들기 프로젝트 我 · 他 · 通
- 도형심리, 사상체질, DISC, MBTI로 읽어 보는 재미있는 성격이야기

 도서
출판 높은오름

도형심리로
나를 읽는 기술 타인을 아는 지혜

오미라 지음

CONTENTS

자기 자신을 파악하라

아무도 자신을 먼저 파악하지 않고서는 자신의 주인이 될 수 없다.

무슨 일을 하기 위해서는 자신의 능력과 분별력, 자신의 섬세함을 파악하라.

거래에 들어가기 전에 자신의 용기를 시험하라.

자신의 깊이가 어떤지 알아 모든 일을 감당할 자신의 능력이

어느 정도인지 탐지하라.

자신을 파악하고 자신의 목적을 잘 파악하라.

인생에 발을 디딜 때는 특히 그렇다.

누구나 자신을 고상하게 여긴다.

게다가 그럴 이유가 가장 적은 사람들이 특히 그렇다.

누구나 자신의 행복을 꿈꾸고 자신을 하나의 경이로운 존재로 여긴다.

그 허황된 상상은 한번 진짜 현실에 의해 깨어지면 고통의 근원이 되고 만다.

지혜로운 자는 그런 착각에 거리를 두고 인생을 살아간다.

항상 최선의 것을 희망할 수는 있다. 그러나 최악의 것도 늘 예상하라.

어떤 일이 일어나도 평정을 유지하기 위해,

화살을 맞힐 수 있도록 목표를 좀 높이 두는 것은 좋다.

그러나 너무 높게 잡아 그로 인해 자신의 인생 경력을

완전히 그르쳐서는 안 된다.

어리석음을 방지하는 최고의 만병통치약은 '통찰' 이다.

누구나 자신의 능력의 한계를 알아라.

그러면 자신의 관념과 생각을 현실에 맞게 고칠 수 있을 것이다.

- 발타자르 그라시안의 〈세상을 보는 지혜〉에서 -

| 프롤로그 |

많은 사람들은 자신에 대한 내면세계를 궁금해 하면서도 진정한 자신과의 만남을 두려워한다. 자기 자신에 대해 가장 잘 알고 있다고 생각하지만 정작 자신이 어떤 특성을 가지고 있고, 어떤 욕구가 있으며 어떻게 대인관계를 형성하고 의사소통을 하는지, 어떠한 이미지로 타인에게 비춰지는지 잘 알지 못한다. 이처럼 우리는 '자기 자신을 아는 지식(Self - Knowledge)'에 소홀하거나 무지한 경우가 많다.

몇 년 전 성격심리에 대해 그룹으로 공부를 시작하면서 처음에는 참 호강스러운 공부를 다 하고 있구나 싶었다. 그런데 시간이 지나갈수록 나 자신이 어떤 사람이며 내 안에 욕구가 무엇인지, 내가 잘 할 수 있는 일이 무엇이고 약점이 무엇인지에 대해 알게 되면서 타인이나 가족에 대해서 보다 더 객관적인 이해를 하게 되었다. 특히 자녀들의 각기 다른 특성에 대해서 알게 되니 부모의 조급한 욕심과 높은 기대로 인해 아이들에게 주던 상처와 갈등도 줄어들게 되었다. 있는 그대로의 모습으로 이해하게 되고 자녀 각자가 가지고 있는 특성에 따라 진로지도를 해줄 수 있고, 때에 따라 친구관계나 이성친구와의 교제에 대해서도 조언해줄 수 있게 되었다. 그 뿐 아니라 훈련하거나 개발해야할 점들을 알게 되니 생활 속에서 지속적으로 행동이나 태도를 수정해 나갈 수 있도록 지도할 수 있게 되었다. 이처럼 쉽고 간편한 성격진단도구들을 이용하여 도형심리, 사상체질,

MBTI, DISC, HOLLAND 에 이르러 다양한 성격 및 심리검사도구로 분석해본 결과를 가지고 서로에 대한 이해를 높일 수 있는 계기가 되었다.

물론 커리어나 이미지 분야를 컨설팅 하려면 무엇보다 객관적인 검사도구를 활용해야 하고 진로상담을 하다보면 심려적인 문제를 호소할 때 심리상담에 있어서 필요한 진단도구들을 익혀야 할 필요에 의해 시작하게 된 공부였지만 할수록 재미있고 '사람을 읽어내는 기술' 이 필요한 직업에 종사하다 보니 자연스럽게 성격심리검사도구들을 익힐 수 있는 기회가 되었다. 본서에는 전문가만이 할 수 있는 어렵고 복잡한 진단도구이기보다는 누구나 쉽고 간단하게 간편 진단을 통하여 자신에 대한 이해를 높일 수 있도록 구성해보았다.

특히, 본 서에서 다루고 있는 도형검사는 상담현장에서 유아부터 초등학교 어린이 중고등학생 학교상담이나 대학생 진로상담, 성인상담, 길거리 상담으로 지금까지 많이 사용되어 왔으나 (주)TNT인재개발원에서는 기업체에서 직원채용이나 재직자들의 직무능력향상과정, 도형게임을 활용한 팀빌딩, 학교방과후교육, 대학생진로 및 취업교육 등 다양한 교육프로그램으로 독자 개발하여 운영하고 있다. 조직관리에 있어서 도형진단은 구성원들의 심리, 정서를 확인하고 유형별 특성에 대한 이해를 높여줌으로써 팀 하모니를 이루어내는데 매우 탁월하게 적용되고 있다.

최근에는 상담분야 뿐 아니라 코칭에 있어서 초기 래포형성에 효과적인 관계형성을 통하여 고객과의 신뢰관계를 유지 할 수 있으며 코칭이슈를 확인하고 진행하는데 탁월한 도구로도 활용되고 있다.

간단한 도형그림 한 장만 가지고도 인간이 가지고 있는 기질적 특성 뿐 아니라 현재 가지고 있는 갈등문제나 심리적인 문제에 대한 상담이 가능하다는 장점을 가지고 있는 도형심리상담은 '마음여행' '마음읽기' 라는 생각으로 편안하게 자신에 대해 생각해볼 수 있는 기회가 된다면 필자는 더 없이 큰 보람으로 여길 것이다.

자신과 타인에 대한 일률적인 진단 결과를 하나의 도식으로 고정시킨 체 정형화하기 보다는 성숙시키고 진정한 자기 자신을 발견하기 위한 도구로 사용되어지길 기대한다. 진정한 자기인식은 고통 속에서 찾아내고 발견해 내기 위한 자기성찰과정으로 힘겹고 고통스러운 내적 작업을 의미 한다. 더욱 중요한 것은 자신의 타고난 성격적 특성을 정확히 알고 자신의 정서적 욕구나 강. 약점을 알고 난 이후에는 자신의 부족한 단점에 얽매어 오히려 의기소침해지기 보다는 장점을 강화하고 드러내며 약한 부분은 개선하고 보완해 나간다면 바람직한 방향으로 크게 성장할 수 있는 기회가 될 것임을 확신한다.

본서는 필자가 기업에서 개인컨설팅 약 1,600 여 회를 진행하면서 2,000여 명 이상을 대상으로 도형심리와 사상체질, MBTI를 중심도구로 사용하였으며 행동유형검사인 DISC 와 직업흥미검사인 HOLLAND를 일부 사용하였고 개인에 따라 의사소통과 대인관계방식을 진단한 사례들을 종합 분석하여 도형심리검사지와 도형심리카드를 개발하였으며 매우 높은 신뢰도를 보이고 있다.

선천적 기질을 도형심리와 네 가지 기질로 분석하고 신체적 특성을 사상체질로 분석하며 DISC 유형으로 행동특성을 진단하고 융의 심리유형론에서 말하는 두 가지의 태도와 네 가지의 정신 기능유형을 바탕으로 제작된 MBTI를 활용하여 각 진단도구들이 가지고 있는 고유의 장점을 중심으로 진로설계에 필요한 자기분석을 할 수 있다. 이와 같이 본서에서는 필자가 연구하고 실제 현장에서 적용하면서 터득하고 얻게 된 내용을 중심으로 도형심리에 대한 이해를 높이고자 하였다.

사람은 자기 자신을 변화시켜나갈 뿐만 아니라 새롭게 재창조 해 나갈 수 있는 인간만이 가지고 있는 장점이 있다. 우리주변에 성공하는 사람들을 살펴보면 늘 자기 자신의 발전을 위하여 스스로 '날마다' 새롭게 변화되고 성장하고자 노력하는 사람들이다. 필자의 생활신조 역시 일신일일신 우일신(日新 日日新 友 日新)하고자 노력하고 있다. 성경에 보면 사람이 새롭게 태어난다는 것은 우리의 신체가 모태에 다시 들어갔다가 태어나는 것이 아니라 정신적, 영적으로 '새롭게 변화됨'을 의미한다고 하였다. 변화됨을 시도하기 위해 선행되어야 할 부분이 있다면 '자신에 대한 객관적 이해'이기 때문에 이 책이 독자여러분들의 인생에 있어서 '자신을 아는 지식'에 조금이나마 유익함을 줄 수 있기를 희망한다.

셀프리모델링프로젝트를 실시하기 위한 첫 단계는 바로 '자신을 아는 것'에서 출발하며 끊임없는 변화와 반복되는 학습을 통한 자기혁신의 과정이기 때문이다.

타고난 성격대로 살아야 행복하다

어느 날 문득 나라는 존재를 바라보면 한없이 형편없고 못난 모습으로 자신이 가엾게 느껴져 본적이 없는가? 나는 왜 하는 일마다 이 모양일까? 한심한 면들이 낱낱이 드러나 보일 때 숨고 싶을 만큼 부끄러웠던 적은 없는가? 개인의 특성에 따라 그럼에도 불구하고 당당하고 자신 있는 사람이 있는가 하면 같은 능력과 자질을 갖추고 있음에도 불구하고 늘 주눅들고 못난 모습에 빠져 부정적 자아를 가지고 있는 사람이 있다. 인간은 누구나 자신이 가지고 있는 장점과 단점이 있다. 자신이 가지고 있는 장점은 더욱 개발하여 드러나게 하고 약점은 보완하여 보다 더 멋진 '나'의 모습으로 발전되기를 기대하는 마음으로 이 책을 쓰게 된 동기가 되었다.

갈등이란 타인의 타고난 성향에 대한 이해부족과 자신처럼 되기를 요구하는 욕심에서 비롯된다. "거 참 성격 이상하네! 왜 저런 행동을 하지?" 라고 생각하지만 정작 상대방은 당신의 이런 생각에 동의하지 못하고 오히려 당신을 향하여 이상한 사람처럼 생각할 수도 있다. 그러니 자신이 타고난 성향대로 사는 일이 편하다면 상대방도 자신이 타고난 성향대로 살 수 있도록 인정해주는 것이 필요하다. 부부나 부모자녀상담을 하다 보면 상대방을 자신이 원하는 쪽으로 고쳐주길 요구하다 보니 당연히 갈등이 생긴다. 먼저 상대방을 자기 자신에게 맞춰주기를 기대하기 보다는 오히려 자신을 상대방에게 맞춰버리는 일이 수월 할 수 있을 것이다. 그럼에도 불구하고 상대방이 하나도 바뀌지 않아서 상담을 더 이상 받지 않겠다고 도중에 그만 두는 부부는 더 이상 문제해결을 원치 않는 것이며, 문제해결 하기도 어렵게 된다. '타인'을 변화시키는 일은 '자신'을 변화시키는 일보다 훨씬 더 어려운 작업임을 빠르게 깨달을수록 타인과 좋은 관계로 행복하게 지낼 수 있다.

자신과 타인에 대해 진정으로 안다는 것은 자신과 같아지기를 요구하는 것이 아니라 타인을 이해하고 있는 모습 그대로 존중하기를 배우는 것이다. 자신의 성격에 장단점이 있듯이 타인의 성격에도 장단점이 있다는 사실을 인정하고 타인의 성격을 자신의 성격에 맞추려고 하는 이기심에서 벗어난다면 누구나 자신의 타고난 성격 그대로 행복하게 살 수 있다. 공동체 생활에서 민폐를 끼치지 않는다는 전제하에서 말이다.

누구나 자신이 사용하기 편리한 손이 있게 마련이다. 쉽고 편한 손으로 자신의 이름을 한번 써보라! 반대편 손을 사용하기가 거북하고 어려울 것이다. 사용하기 어려운 손을 억지로 쓰기 보다는 쉽고 편한 손으로 사용하되 나의 반대의 왼손, 즉 나와 반대의 사람, 반대의 성향도 있다는 사실을 인정한다면 서로에게 부족한 부분을 채워 줄 수 있는 좋은 관계로 형성해 나 갈 수 있을 것이다.

대상관계이론에서 보면 인간은 어머니의 몸을 빌어 태어나면서부터 첫 번째 어머니와의 관계가 형성되고 어머니의 생각과 느낌을 전달받아 자기 안에 내재화하면서 자기이미지를 만들어내고 대상과의 관계 속에서 서서히 자기개념을 무의식에 축적하며 성격이라는 것을 본질적으로 형성하게 된다고 보는데 결국 어머니가 자녀의 성격을 형성하는데 가장 큰 영향을 미치게 된다고 볼 수 있다.

이때, 어머니의 역할에 따라 아이의 성격바탕이 어떻게 형성되는가에 중요한 영향을 미친다는 것은 두말할 필요가 없을 것이다. 자녀의 성격형성에 나는 얼마나 좋은 부모역할을 해 왔는지? 우리아이의 성격이 긍정적으로 잘 발달할 수 있도록 긍정적 지지와 격려, 관심과 애정을 충분히 쏟아 주었는지? 아이에게 불만과 불평, 불안과 두려움, 우울과 좌절을 반복하여 경험하게 했던 기억은 없었는지를 성찰해 볼 필요가 있다.

　내 자녀의 기질적 특성이나 성격을 가장 잘 알고 있다고 생각하지만 가족상담을 하다보면 부모가 바라본 자녀의 특성이 실제로 검사결과나 자녀의 진술과 많이 다름을 종종 보게 된다. 뿐만 아니라 오랫동안 함께 살아온 부부도 '우리가 이렇게 서로 다르다는 사실을 몰랐다. 결혼 초에 이런 사실들을 서로 알았더라면 지금까지 괜한 싸움이나 갈등은 훨씬 줄었을 것이라는 아쉬움의 고백을 자주 듣게 된다. 나를 알고 남을 알면 절반 이상 성공이 보인다. 我 他 通! 자신을 알고 남을 알면 통한다. '자신을 아는 것'에 그치지 않고 '타인을 알고' 한걸음 더 나아가서 '타인에게 맞추려는' 노력까지 하는 당신은 진정 멋쟁이! 라고 할 수 있지 않겠는가!

도형심리란

　도형심리란 동그라미, 세모, 네모, 에스(곡선) 형태가 가지고 있는 기하. 도형의 형태에 따라 각기 다른 성격특성을 나타낼 수 있으며 그림의 위치, 모양, 크기 수준에 따라 심리,정서적 측면을 측정해 볼 수 있는 검사도구이다. 성격, 심리, 정서적 평가 및 분석 (Assessment and Analysis)의 도구로 활용되며 기질적 특성, 현재 바라는 욕구, 스트레스 상황에 대하여 긍정적인 해석(interpretations)을 제공해줌으로써 자신의 강점과 약점을 성찰하게 하고 부정적인 기질적 특성이나 생활양식을 보다 더 바람직한 방향으로 나아가도록 돕는 역할을 한다(2010,오미라).

도형심리검사의 특징

1) 종이 한 장과 색연필 또는 연필 한 자루만 있으면 검사가 가능하다.
2) 검사시간이 짧아 도형을 그리는데 드는 시간은 5분 내외이다.
3) 문자나 언어에 어려움이 있는 아동이나 외국인에게도 실시가 가능하다.
4) 그림에 대한 능력이나 지능, 연령에 구애됨이 없이 실시가 가능하다.
5) 검사자가 피검자의 그림 그려 나가는 상황을 관찰함으로 해석에 필요한 정보들을 참고할 수 있다.
6) 채점하는데 걸리는 시간이 짧고, 그림을 보면서 직접 해석해줄 수 있다

도형심리로 보는 자기분석

○ □ △ S 를 통한 내면여행

1. 위 4개의 도형 중에 가장 마음에 드는 도형을 한 개 골라 크기나
   위치에 관계없이 마음대로 3번 그린다.
2. 나머지 도형 3개를 각각 한번 씩 크기나 위치에 관계없이 그린다.
   (중복되어도 무방함)

TNT GPA 도형심리검사방식

　TNT 도형심리검사는 객관적문항검사(objectivetest)와 투사적그림검사(projective test)를 혼합사용하여 최초로 독자 개발되었다. 자기보고식 심리검사를 실시할 경우 외부로 드러난 심리검사 결과는 연속선상에 있는 점수이지만 이런 결과를 도출하게 한 내면의 과정은 연속적인 것이 아닐 수 있다. 네 가지 도형 중 가장 먼저 세 번 선택한 도형그림은 내담자의 처한 상황이나 심리, 정서 상태에 따라 고정되어 있지 않고 변화하며 개인의 역동성을 현재에 반영하여 드러내게 된다. 그러므로 성격유형을 결정짓는 기준은 객관적 문항검사 결과를 바탕으로 하게 되며 도형심리그림검사는 투사적 검사방법에 의하여 현재의 심리,정서적 수준을 평가하는 도구로 활용될 수 있다.

※ TNT 도형심리검사에서 점선도형을 사용하는 이유는 제시되어진 실선으로 인하여 네모도형을 그리거나 다른 도형을 그릴 때 심리적 부담감을 최소화하기 위함이다.

도형심리검사 분석

　도형이라는 상징적인 그림 한 장 만으로 내담자의 성격역동을 해석하는데 있어서 상담자는 매우 신중해야 하며 상담자의 깊은 성찰을 통한 가설적 구성개념(hypothetical construct)을 토대로 전문지식과 기술이 필요하다. 도형심리의 그림검사는 투사적 검사로서 상담자의 주관적 견해가 내담자에게 미치는 영향이 크기 때문이다. 기억자 모른다고 어린아이 손에 낫을 쥐어주면 자신뿐 만 아니라 다른 사람을 다치게 할 수 있다. 쉽게 배워서 함부로 사용하지 않도록 주의가 필요하다.

(1) 배열순서

피검자가 도형을 그릴 때 배열순서를 관찰하거나 피검자에게 도형을 그리면서 번호를 써 넣도록 한다. 일반적으로 왼쪽에서 오른쪽으로, 위에서 아래로 배열하게 되는데 반대로 배열할 경우 일탈의 정도를 가늠해 볼 수 있으며 피검자의 계획성을 관찰해 볼 수 있다.

(2) 도형의 위치

도형을 어디에 그리느냐에 대하여 평가한다. 용지의 왼쪽이나 오른쪽 아래 모서리에 위치해 있으면 심리적 스트레스, 강박증, 열등감에 대한 탐색이 필요하다. Hutt는 소심하거나 겁이 많은 사람은 극단적으로 왼쪽 위 모서리에 배치하거나 도형을 전체적으로 작게 그리는 경향이 있다고 하였으며 자기중심적이며 자기주장이 강한 사람은 도형의 크기가 크고 중앙에 위치한다고 보았다.

(3) 그림의 크기

도형의 크기가 전체적으로 매우 크면 독단적이고 자기중심적이며 자기주장이 강하고 도형의 크기가 매우 작을 경우 소극적 성향으로 불안이나, 두려움 등을 반영한다고 볼 수 있다. 도형의 크기가 점점 크거나 점점 작을 경우 자기통제가 빈약하거나 좌절경험으로 인하여 외부의 도움을 요청하는 표현으로 해석할 수 있다.

(4) 그림의 모양

도형의 모양을 완성시키는데 어려움이 발생하거나 양쪽 끝 마무리가 덜 되어 있는 경우 정서문제를 반영할 수 있으며 도형의 특징에 따라 동그라미도형이 덜 닫혀 있으면 대인관계의 문제를 살펴보고 세모도형은 리더십이나 자신감의 문제를, 네모도형은 자금관리와 학습 및 학업문제, 직장이나 공동체문제, 에스도형의 모양에 따라 재능, 건강, 이성, 그리고 영성과 관련된 문제들을 살펴볼 수 있다.

도형심리의 이론적 배경

1. 기질론

히포크라테스는 주전 4세기경 그리스의 훌륭한 의사이자 철학자이며 기하학자로 알려져 있는데 의학을 철학적으로 접근하였으며 인체를 전체, 즉 유기체로 간주하였고 인체의 각 부분들은 포괄적인 개념 속에서 이해하고 분할된 각 부분들이 전체적인 구조 안에서 파악되어야 함을 연구결과로 보여주었다. 인체의 생리나 병리(病理)에 관한 그의 사고방식은 체액론(體液論)에 근거한 것으로써 인체는 불·물·공기·흙이라는 4원소로 되어 있으며 인간의 생활은 그에 상응하는 혈액(blood),점액(phlegm), 황담즙(黃膽汁, yellowbile), 흑담즙(黑膽汁, black bile)의 네 가지 것에 의하여 이루어진다고 생각하였다. 이들 네 가지 액(液)의 조화(調和)가 보전되어 있을 때 '에우크라지에(eukrasie)'라고 불렀고 반대로 그 조화가 깨졌을 때에는 '디스크라지에(dyskrasie)'라 하여 이때에 병이 생긴다고 주장하였다. 그로부터 약 500년 후에 그리스의 의사 갈렌(Galen)은 기원후 200년경 히포크라테스의 체액론에 근거한 기질(temperament)에 대해 다혈질(sanguine), 우울질(melancholic), 담즙질(choleric), 점액질(phlegmatic)에 대한 장단점의 목록을 자세하게 기록해 놓았으며 이 이론은 현재까지 전해지고 있는데 유럽을 중심으로 주도적인 위치를 고수하고 있으며 여러 가지 성격유형별 진단도구들을 개발하는데 유용한 자료로 활용되고 있다.

이후 팀 라헤이 목사는 자신의 저서 '성령과 기질' 을 쓴 이후에 '라헤이 기질분석' 이라는 테스트를 받은 27,000명의 사람들을 통해서 수백 번 이상 검증되었다고 밝히고 있으며 현재까지 이 기질론에 근거한 유용한 저서와 기질테스트가 개발되었다. 팀 라헤이에 의하면 인간은 누구나 한 가지 기질만으로 형성되기보다는 여러 가지 기질이 복합적으로 나타날 수 있으며 혼재되어 있는 비율에 따라 다소 다른 유형의 성격으로 분류될 수 있다고 보았다. 그 가운데 1차 기질과 2차 기질을 인정하여 12가지 기질조합에 대하여서도 설명하고 있다.

이 점에 대해서는 동양의학의 선구자인 동무이제마선생의 이론과도 일치된다. 동무이제마선생은 사상체질은 평생 변하지 않는 유전적 요소로 보았으며 혼성체질인 경우 음양간 혼성체질과 같은 음인 간 혼성체질과 같은 양인간 혼성체질로 분류하여 12가지 체질로 보았다.

12가지 기질 조합표

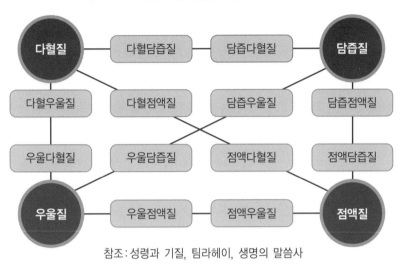

참조 : 성령과 기질, 팀라헤이, 생명의 말씀사

도형심리란 네 가지 도형을 기본으로 하고 보조척도 4가지 유형이 추가되어 총 8가지 유형으로 분류되며 개인의 적성이나 기질 및 성격을 분석해볼 수 있는 검사도구이다(2011.오미라). 도형심리는 히포크라테스(Hippocrates)의 체액분류('다혈질' '담즙질' '점액질' '우울질')를 토대로 하고 있다. 미국에서는 수잔델린져(Susan Dellinger) 박사에 의해 '기하심리학'(Geometry Psychology)으로 5가지 도형을 통하여 기업 내 조직 구성원들의 커뮤니케이션 교육과 개인상담에 활용하고 있다. 델린져박사의 5가지 유형분류에 있어서 박스모형 중 직사각형은 매우 부정적인 상황에 무질서하고 혼란스러운 유형으로 언급하고 있으나 오미라(2010)는 육각형도형을 추가하므로 동그라미 세모 네모 에스(곡선)타입 이외에 추가된 육각도형은 다른 유형의 특성을 수용하고 혼합된 긍정적 유형으로 표현하고 있다.

2. 성격심리이론

성격심리학자 올포트는 각각의 삶은 매우 다른 성격특질을 가지고 있으며 두 가지 유형의 특질로 나누어 개인특질 (individual traits)과 공통특질(common traits)을 제안하였는데 도형을 해석하는데 있어서도 내담자들의 문항을 중심으로 한 공통특성과 그림검사를 중심으로 한 개별 특성을 고려하여 해석할 때, 보다 더 정확한 분석을 할 수 있게 된다.

캐텔 (Raymond B. Cattell, 1905~1998) 에 따르면 사람들이 가지고 있는 공통특질은 성격의 정신적 구성요소이며 행동의 규칙성 또는 일관성을 설명하는 근본적인 구성개념으로 정의 한 바와 같이 사람들이 가지고 있는 공통특징을 이해하고 있다면 특정상황에서 어떻게 행동하게 될지를 예언할 수 있다고 보았다.

3. Gestalt의 형태심리학

Gestalt 라는 말은 전체 형태, 모습 등을 의미하는 독일어인데 우리 인간은 어떤 자극에 노출되면 그러한 자극들을 하나하나 개별적인 자극으로 인지하지 않고 근접성(Proximity) 유사성(Similarity) 연속성(Continuity) 폐쇄성(Closure) 공동 운명(Common Fate) 단순함(Simplicity) 등의 법칙에 따라 자극을 하나의 의미 있는 전체 혹은 형태로 지각한다는 것이다.

Gestalt 심리학에서 사물을 본다는 것은 대상의 두드러진 특징을 본다는 것인데 몇 개의 특징만으로도 지각대상에 대한 특징을 이해할 수 있기 때문에 전체적인 형태를 파악할 수 있다는 것이다. 어떤 사물을 인식할 때 관심 있는 부분은 도형으로 지각되고 다른 부분은 배경이 되는데 관심의 초점이 되는 부분을 전경(도형)이라고 하며 관심밖에 있는 부분을 바탕이라고 Gestalt 심리학자는 말한다. 이처럼 도형은 형태를 가지고 있지만 바탕은 형태가 없다고 볼 수 있다. 도형은 실제적인 사물의 성격이고 바탕은 재료의 성격을 갖는다고 말한다. 동양에서의 바탕은 도형을 위한 절대공간이기보다는 여백이나 기(氣)의 충만한 공간으로 보며 바탕 또한 독립된 조형의 구성요소로 보았다. Gestalt 심리치료에 있어서 미해결과제에 대한 해결방법으로 '지금 여기'에 (Here and Now)를 알아차리는 것인데(2004, 이순만) 형태로서 표현된 현재의 도형(전경)이 해결되면 배경으로 사라지고 미해결과제가 다시 전경으로 반복되어 나타나기 때문에 Gestalt 심리학이 도형분석에 매우 중요한 이론적 배경이 될 수 있음을 제시하고 있다(2010.오미라).

4. BGT(Bender - Gestalt Test)도형검사

BGT(Bender- Gestalt Test)는 Lauretta Bender에 의해 개발된 지각검사로서 기하학적인 도형이 그려져 있는 9개의 카드를 피검자에게 보여주면서 종이 위에 그리도록 한 다음 변형된 추가 단계를 실시한 후 피검자의 인지, 정서, 성격 같은 심리적 특성을 분석하는 검사이다. 도형A와 도형 1~ 도형 8까지 총 9장으로 구성되어 있다. 도형을 그리는 과정에서 관찰되는 운동기술능력, 도형모사 결과를 토대로 진단하는 검사도구이다.

독일의 형태심리학자인 베르트 하이머와 쉴더가 2차 대전이 발발한 것을 계기로 고안하게 되었으며 다양한 문화적 배경을 가진 군인들이 모였을 때, 심리적 충격을 겪으며 나타나는 심리적 현상을 진단하기 위한 방법이 필요했다. 이검사가 개발된 1934년 이후, 오랜 기간 동안 임상연구와 분석기술에 따라 신뢰받는 심리검사로서 인정받은 BGT심리진단기법은 로샤검사, 웩슬러 지능검사 등과 함께 임상심리분야에서 정서심리를 진단하는 도구로 널리 사용되고 있다. 정서적인 측면을 평가하고 아동들의 공격적인 행동이나 기질적 장애를 판별하는데 활용되고 있으며 기초적인 학업기술성취, 대인관계갈등 등을 이해하는 방법과 관련된 교육적 문제를 평가 진단하는 데에도 제공되고 있다. 운동기능의 성숙도, 지능, 인성구도, 정서장애, 학습준비도, 학습장애, 학업성취도의 진단과 교육에서도 활용되고 있다.

BGT 는 1940년대 Hutt 에 의하여 BGT 검사가 비언어적인 검사가 될 수 있음을 강조하면서 정신역동적 관점이 대두되기 시작하였고 지각 및 시각-운동기능에 대한 검사로서 형태심리학과 역동심리학 이론에 근거를 두고 개인의 심리적 과정을 분석하고 있다. Bender 가 사용했던 원래의 BGT 도형에 선의 길이나 각도 및 크기의 불규칙성을 제거시킨 후 새롭게 개발 된 도형을 적용시켜 검사를 실시하였는데 이를 HABGT(Hutt Adaptation of the Bender - Gestalt Test)라 한다. HABGT에서 평가되는 항목들을 객관적으로 분석하고 각 항목을 수치화 하여 규준에 따라 양적인 면을 해석하였다.

이와같이 BGT 도형감도형검사는 도형심리 그림검사를 분석하는데 있어서도 매우 중요한 심리학적 이론의 틀을 제공해 주고 있다(2010, 오미라).

1. 도형심리로 보는 내면여행

1. 도형심리로 보는 내면여행

도형심리의 유형별 성격특성

▶동그라미도형 - 다정다감하고 친절한 사람

▶세모도형 - 자신감 있고 목표가 뚜렷한 사람

▶네모도형 - 꼼꼼하고 신중하며 믿을만한 사람

▶에스도형 - 예술적이며 창의적이고 자유분방한 사람

동그라미유형

동그라미형의 성격특성

동그라미형인 당신은 사교적이고 활달하며 부드럽고 따뜻하다. 현실적인 일에 대한 관심이 많고 출세지향적인 면이 있으나 내면적으로 낭만적이고 감성적인 경향이 있다. 과거에 대한 좋지 않은 기억을 쉽게 잊어버리고 미래에 대한 걱정과 염려보다는 현실지향적인 사고를 가지고 있어서 깊이 고민하거나 우울해하지 않는 낙천적인 사람들이다.

동그라미형은 편안하고 안락함을 원한다. 편안함을 추구하는 그들로서는 부드럽고 푹신한 쿠션이 있는 안락한 쇼파를 선호한다. 그러나 그들의 책상은 혼잡하고 문서들이 여기저기 흩어져 있지만 자신은 오히려 그러한 분위기가 익숙하여 불편함을 느끼지 못한다. 하지만 꼼꼼한 네모형들은 그것을 보고 겉으로 표현하지 않지만 불편함을 느낀다는 사실을 기억해야 한다.

밝고 따뜻하며 화사한 빛깔의 봄 꽃과 같다. 직장에서 누구와도 잘 지낼 수 있는 사교적인 사람이며 천성적으로 남을 잘 돌보고 섬세하기 때문에 늘 주변에 친구가 많다. 항상 즐거운 시간을 갖기 원하며 명랑하고 잘 노는 사람들이다. 친구나 동료들의 문제를 잘 들어주고 해결해주는 해결사인 그들은 "그 까짓 거 문제없어! 내가 해결해줄게"를 외치는 돈키호테와 같다. 다정다감하고 대인관계 폭이 넓으나 깊은 우정관계를 지속시키는 일에는 어려울 수 있다.

동그라미형 인간들은 다른 사람들이 잘 사는 것과 조화를 유지하는 것에 큰 초점을 맞춘다. 그들은 갈등을 처리해야 할 논쟁에서는 종종 포기해버리지만 세모형들은 끝까지 자신의 주장을 드러내며 강한 설득력을 동반한다. 일반적으로 동그라미형 인간들은 이야기하기를 매우 좋아하여 자신이 질문하고 자신이 대답하는 경향이 있으며 다른 사람들의 말을 잘 들어주고 감정이입을 잘 해주는 사람들과 의사소통을 잘 한다. 그들은 내향일 경우 일대일, 외향적일수록 일대 다수의 대화를 선호하므로 사람을 돕는 직업에 적합하다. 훌륭하게 의사소통을 잘 하는 사람들이고 다른 사람들이 최선을 다하도록 동기를 부여해 주는 능력이 있다. 그들은 또한 타고난 교사이며 상담가이다. 그들의 지도 아래에서 학생들은 행복한 학창시절을 보낼 것이다. 당신의 친근한 성품은 당신의 동료들이 당신을 좋아하게 만드는 매력이며 장점이다. 그러나 당신은 분주하지만 효율적으로 일의 순서나 시간을 관리함에 있어서 어려움을 느낀다. 당신은 하던 일을 멈추고 동료와 이야기하느라 당신의 프로젝트가 정확하고 제 시간에 완성되지 못할 수 도 있다. 당신은 매우 친근하고 섬세한 사람이다. 다른 사람들의 흥미를 끌고 또 다른 사람에게 흥미를 느끼는 사람이다. 당신은 네가지 성격 유형의 조화자이다. 모든 것에서 최고의 팀 플레이어이며 당신의 역할은 팀의 촉매제와 같다. 당신의 가장 큰 힘은 모든 유형의 사람들과 의사소통하는 능력이다.

얼굴이 둥근형인 사람을 한의학에서 정과(精科)라 하고 둥글게 생겼으니까 너무 잘 구르다보니 머물지 못하는 모순이 있다고 한다. 자신의 모순을 발견하지 못하면 생긴 대로 살다가 생긴 대로 죽는데 정과는 천살(天殺)을 피하지 못한다. 천살 이란 귀가 얇은 동그라미형들이 이곳 저곳에 대한 호기심으로 잘 돌아다니며 천기를 많이 받기 때문에 감기나 유행성독감이나 전염성질환에 걸리기 쉽다. 얼굴이 둥글게 생긴 사람의 성격특성도 도형의 둥근 형태와 비슷하며 성격이 둥글둥글하여 주변사람들과 잘 사귀고 다툼이나 분쟁이 적고 인간관계를 중요시하는 사람들이다. 인간은 본능적으로 둥근 것에 대한 너그러움을 가지고 있어서 둥근형의 사람들에게 경계심보다는 친근감을 가지고 접근하기가 쉬운 이유도 인간관계를 부드럽게 할 수 있는 이유가 될 것이다.

안태성선생의 글에 의하면 바다 건너 외국의 모 기업에서 직원을 채용할 때 생김새를 중시해서 주로 둥글게 생긴 사람을 많이 채용한 기업과 생김새보다는 능력을 위주로 채용을 한 기업이 있었는데 초반에는 능력을 우선으로 뽑힌 울퉁불퉁과가 모두 섞여 있는 기업이 초고속성장을 하였고 동그랑땡 그룹은 느려터진 달팽이 성장을 하였다고 한다. 그런데 시일이 지나자 울퉁불퉁 직원들은 작당하여 연일 파업을 일삼아 회사가 마비지경에 이르렀으나 동그랑땡기업은 그저 둥글게 둥글게 안정적인 성장을 이루어갔다는 이야기가 있다.

동그라미의 가정생활

집은 당신을 위한 사랑이 있는 곳이다. 당신은 아마도 대가족과 많은 애완동물이 있을 것이다. 친구들은 당신에게 아주 중요하며 친구들은 당신에게 가족이다. 당신의 개인적인 생활로부터 전문적인 생활을 구분하는 것은 어렵다. 사무실에서 당신에게 문제가 생길 때 당신은 그 문제를 집으로 가져온다.

동그라미유형의 이미지

밝고 화사한 컬러를 선호하는 동그라미는 최신 유행하는 옷 입기를 좋아하고, 좋은 옷장을 통해서 당신의 미래를 투자하는 것이라고 믿는다. 당신의 컬러는 밝은 오렌지 주황이나 정열적인 레드 컬러이다. 당신은 때에 맞는 스타일로 입지만 때로는 과감한 연출도 서슴지 않는다. 변화적응에 빠른 이들은 늘 유행을 선도하는 감각파들이다. 너무 유행에 민감하다보면 식상한 이미지를 줄 수 있으니 유의해야 한다. 흔하지 않고 고급스러우면서 우아하게 엘레강스한 이미지를 연출 할 수 있다면 훨씬 더 돋보일 것이다.

보완점

당신은 한 사람만을 사랑하는 것에 우울해 할지도 모른다. 바람기가 있고 의지가 약하여 개방적인 성생활을 즐기다가 크게 화를 자초할 수 있으니 주의해야 한다. 너무 구르지 말고 때로는 머물러 서서 자신의 위치를 확인하고 자신을 돌아보고 성찰할 줄 알아야 방종을 면할 수 있다. 말이 너무 많고 목소리가 크며 과장이 심하다는 말을 자주 듣는다. 말하는 양과 크기를 줄여라. 혼자서 너무 많은 말을 하지 말고 다른 사람에게도 말할 수 있는 기회를 충분히 주도록 하라. 현실지향적인 이들은 미래에 대한 계획과 목표를 세우고 실천하는 의지가 필요하다. 호기심이 많아 여러 가지 일을 벌여 놓기는 하지만 의지가 약하여 끝마무리가 부족하기 때문에 사전에 충분한 검토와 계획을 한 후에 실행하는 것이 필요하다. 기억력이 부족하여 약속을 잘 지키지 못한다. 늘 기록하는 습관을 갖도록 하라.

동그라미의 기도

사람들과 좋은 관계를 지속시킬 수 있는 능력을 주서서 감사합니다. 관계와 결속은 나 자신의 중요한 가치임을 알고 그 일로 인하여 즐거워하며 때로는 타인에 대한 불필요한 갈등이나 분쟁에 대하여 너그러운 마음을 주시니 감사합니다. 그러나 때때로 시작한 일에 대하여 끝까지 마무리 하지 못하는 불성실함에 대하여 지나친 너그러움을 피하게 하여주시고 변명이나 합리화로 일관하지 않도록 도와주소서. 잘못된 습관을 되풀이 하는 어리석음에서 벗어날 수 있는 강한 의지를 주옵소서!

동그라미의 연애법칙

당신은 빠른 시간 안에 타인과 가까워 질 수 있는 탁월한 능력을 가지고 있다. 그러므로 연애할 때 당신은 상대방에게 너무 쉽게 너무 빨리 다가서려는 당신의 욕구를 절제해야만 한다. 조금은 천천히 조금은 멀리서 충분히 탐색한 후에 다가서도록 노력하라. 상대방으로 인하여 너무 쉽게 상처받지 않도록 하라. 모든 사람이 당신처럼 다정다감하고 풍부한 감성을 가지고 있는 것은 아니기 때문이다.

동그라미형의 직업유형

당신은 훌륭한 상담가이자 외교와 타협에 능한 사람이다. 당신은 좋은 이야기를 들어주는 사람이며 사람들의 마음을 잘 읽는 초인적인 능력을 가지고 있다. (사람들은 당신에게 거짓말을 하지 못한다) 당신은 매우 감정이입을 잘 하고 대단히 설득적일 수 있다. 당신은 이러한 능력들을 이용할 수 있는 직업을 필요로 한다. 당신은 고객 서비스의 지위에도 잘 맞을 것이다. 동그라미/세모형일 경우 도전적이고 성취지향적인 판매직에도 잘 맞는다. 당신은 야망적이지 않으며 인생에서 대단한 것을 성취하지 않을지는 모르지만 다른 사람이 시작한 일을 중간에 유연하게 잘 진행시키는 당신의 지속성의 장점은 당신의 노후에 다른 사람들로부터 성대한 은퇴파티 축하를 받게 될 것이다.

당신은 때때로 남에게 지나치게 친절해서 가끔 이용당하는 손해를 볼 수도 있다. 당신은 또한 일이 계획한 대로 잘 되지 않으면 종종 스스로를 손상시키기도 한다. 당신은 직장에서 지도자보다는 안정시키는 사람으로서 행동하는 경향이 많다. 무대체질인 동그라미형 당신은 임무가 주어지면 적절히 잘 수행해내며 기회가 되면 무대에서 당신의 온전한 끼를 발휘하고자 한다. 온화하고 낙천적이며 쾌활 하고 명랑한 당신은 늘 주변사람들과 좋은 관계를 갖기 원하며 부드럽고 관대함을 드러낸다. 충돌을 좋아하지 않는다. 당신은 모든 사람이 행복하기를 원하기 때문에 종종 평이 좋지 않은 결점에 대해 지체하고 고군분투한다.

동그라미유형의 진로 및 직업적성

인문 사회분야, 언어계열, 마케팅 및 영업판매직, 보험설계사, 패션머천다이져, 연예인, 여행안내원, 아나운서, 상담가, 음악치료사, 언어치료사, 외교관, 교사, 사회복지분야, 특수학교교사, 텔레마케터, 병원코디네이터, 간호사, 영양사, 의료장비기사, 스포츠에이젼트, 특수학교교사, 공연기획자, 파티플래너, 방송연출가, 레크레이션진행자, 통역가,비행기승무원, 호텔지배인, 컨시어즈, 변호사, 연기자, 영화홍보전문가, 부동산중개인, 마술사

세모유형

능동적이고 외향적이며 의지가 강하고 자신만만하여 실제보다 긍정적인 과대평가를 받기도 한다. 세모도형의 기질적 특성은 잠시도 가만히 못 있고 늘 움직임이 많고 끊임없이 새로운 일을 계획하고 추진하고자 한다. 세모형의 인간들은 어려운 상황에서 오히려 자극을 받아 극복할 수 있는 강한 의지가 생긴다. 독립심과 자립심이 강하다. 개성이 강하고 목표지향적이다. 체계적이고 이론적인 연구보다는 순간적인 직관에 의존한다. 창의력이 뛰어나다. 타고난 리더유형으로서 리더가 될 수 있는 기회가 오면 주저하지 않고 리더역량을 유감없이 발휘할 수 있다. 두목이 되고 책임을 지며 타인을 지배하고 관리하는 능력이 탁월하고 경쟁적인 환경에서 자신의 기량을 발휘할 수 있는 호기로 삼으며 세모형의 책상 위에는 그들의 권위를 나타내는 상징물들로 가득하다.

한의학에서 세모는 신과(神科)라 하여 역삼각형으로 생겼다. 상승하는 기운이 강한 반면에 하강하지 못하는 모순을 가지고 있으며 역삼각형이니까 중심을 잡기 위해 늘 가만히 있지 못하고 움직인다. 신과는 아살(我殺)을 조심해야 한다. 자신의 욕심이 한도 끝도 없이 커지다가 결국 욕심으로 인하여 죽게 된다는 것이다. 그러나 도형으로서의 역삼각형의 모양은 자신감이 위축되었을 때 드러나는 모양으로 해석될 수 있다. 처음 선택한 정삼각형의 세모 뿔이 모두 하늘로 솟아 있으면 자신감이 하늘을 찌를 만큼 높다는 의미이며 세 개 중 하나라도 역삼각형의 모양을 하고 있으면 현재 자신의 자존감을 낮게 만드는 원인을 찾아 볼 필요가 있다.

세모형 인간의 책상은 그 위에 약간의 업무 문서들이 놓여 있으며 비교적 깔끔하다. 책상은 결코 난잡하지 않다. 세모형 인간의 또 다른 분명한 성향은 그들은 멋지고 그들의 사무실은 세모형 인간의 최고만을 원하는 "지위의 상징" 물들로 늘 가득 차 있다. 사무실의 벽은 명예를 나타내는 상패나 학위와 증명서 같은 것들로 꾸며져 있곤 한다. 당신은 당신의 인생에서 성공을 나타내주는 지위의 상징들을 좋아한다. 당신은 항상 '최신의 것' '최고의 것' 등을 가지고 있다. 비밀스럽게 당신의 취향은 기묘한 구석이 있다. 세모형 인간은 두목이 되고 제어하고 책임지고 관리하는 데에 매우 뛰어나다. 그들보다 자신감이 부족한 사람들에게 권력을 휘두르며, 대부분의 지도자들은 천성적으로 그들이 성공할 운명이라고 느끼는 강한 세모형 인간들이다. 그들의 강점 중의 하나는 남에게 업무를 위임하는 능력이다. 이것은 모든 좋은 매니저의 능력이다. 그러나 세모형 인간은 매우 고집이 세고 정치적이다.

세모형 인간의 또 다른 매력적이지 않은 특성은 그들의 "야망에 찬 자기중심성"이다. 그들은 자기중심적일 뿐만 아니라, 매우 경쟁적이며 그들이 잘못될 때 그것을 싫어한다. 잘못되는 것은 세모형 인간이 매우 감당하기 어려운 것이다. 당신은 건강 문제를 조심해야 한다. 당신은 목표 달성에 초점이 맞추어져 있을 때 스스로의 한계를 뛰어 넘는 경향이 있다. 당신은 또한 탐닉하기 일쑤이고 그것은 당신이 스트레스를 받을 때 더 심해진다. 당신은 인생의 모든 면에서 대단히 욕구가 많아서, 당신의 여가 활동은 매우 다양하다.

당신은 흥미롭고 도전적인 모든 것 들을 좋아한다. 당신이 무엇을 하든, 당신은 그것들을 잘 하며 항상 "first class"로 올라가기를 주장한다. 당신이 그러할 여유가 없을 때 조차도 말이다. 전형적으로, 세모형 인간들은 어떤 일들이 그들의 방법대로 되길 원한다. 이것은 아마 그들이 결정에 있어서 남들과 거의 함께하지 않는 이유를 설명해줄 것이다. 세모형 인간은 또한 목표를 세우고 그것을 성취하는 것을 좋아한다. 그들은 매우 전속력적인 인간이기에, 정점까지 질주한다. 약속에 있어서 그들은 제일 먼저 가야 한다고 생각한다.

그들은 당신이 "완벽한 사람"에 주의를 둔다는 가치를 보지 않는다. 당신은 충돌하는 욕구를 가진 사람이다. 당신은 든든하고 윤리적인 일을 하지만, 당신은 또한 강한 사회적 욕구를 가지고 있다. 비록 당신은 스스로 완벽한 기준의 충족을 위해 혼자서 일해야 하지만 당신은 종종 팀에서의 일 가운데서 우애를 놓친다. 팀은 당신의 지식의 공로와 협상능력을 가치 있게 본다.

당신은 하루하루의 모든 순간들을 계획하기 때문에, 갑자기 일어나는 일들을 싫어한다. 그러나 당신은 위기에 처한 팀에 들어가서 침착하게 문제를 해결할 지도 모르나, 아무도 당신이 시간을 잃는 것 때문에 밤을 새워서 일하리라는 것은 모를 것이다. 당신은 스트레스를 받을 때 누군가가 당신의 무력한 모습을 보게 되는 것이 두려워서 당신 주변을 경계한다. 당신은 목표가 불확실하고 마감시간을 놓쳤을 때 스트레스를 받는다. 스트레스를 받을 때 당신은 엄한 감독자이며 동료들이 당신의 현재 모습에 위축되게 한다.

만약 당신이 팀원을 존중하고 팀 프로젝트가 가치 있는 것이라고 여기면 효율적인 팀플레이어가 될 것이다. 당신의 지도력은 종종 팀 기획에서 나타난다. 다른 사람들은 종종 당신을 지도자로 본다. 당신은 기준이 되고 당신의 결정에 기꺼이 책임을 질 수 있는 용기를 가지고 있다. 당신은 지도자의 위치에 있기를 원하고, 당신의 추진력과 결정능력은 당신을 높은 직책을 기대하도록 할 것이다. 당신의 권위가 올라갈수록 당신은 스스로에게 최고의 멘토가 될 것이다. 그러나 항상 남을 위해 일하는 것에 문제가 생긴다. 당신은 매우 정직하고 거리낌 없이 말한다. 당신은 스스로에게 "이런 식으로 말해!" 라고 하는 것을 자랑스러워 한다.

당신은 천성적인 기업가이다. 당신은 매우 높은 목표들을 달성하고 끊임없는 도전을 요구한다. 당신은 인생에서 여러 번 실패하는 듯 하지만, 계속해서 다시 시작하는 끈기가 있다. 당신은 분명한 경영 인재이지만, 당신은 더 성공적이 되기 위해서 유능한 멘토로부터 좋은 가르침을 받을 필요가 있다. 당신은 독단적인 경향이 있으며 다른 사람의 의견을 존중하는 법을 배워야 한다. 당신은 동그라미형과 곡선형인 에스유형의 인간에 대한 공로의 가치를 배워야 한다. 당신은 경쟁심이 강하고, 사실은 큰 조직체의 정치적 음모를 즐긴다. 당신은 훌륭한 협상가이고 영업관리직에서 아주 성공할 수 있다.

당신은 크게 성공할 잠재력이 있지만, 하룻밤 사이에 이기고 질 수도 있다. 당신은 믿을 수 없는 힘으로 열심히 나아가는 사람이다. 소수의 사람만이 당신과 계속해서 함께 일할 수 있다. 당신은 매우 빨리 지루해하고, 당신의 삶에서 끊임없는 자극을 필요로 한다. 당신은 매우 야심에 차 있고 성취지향적이다. 당신은 맡게 되는 어떤 것이든 성공적으로 해낼 것이다. 당신은 항상 당신이 "특별"하다고 알려지고, 최고에 이르는 것이 당신의 운명이라고 느낀다.

당신은 빠르게 결정하고, 직관력이 있으며 자신감이 있다. 당신은 매우 야심에 차 있고 성취지향적이다. 당신이 맡게 되는 어떤 것이든 성공적으로 해낼 것이다. 당신은 항상 당신이 "특별"하다고 알려지고, 최고에 이르는 것이 당신의 운명이라고 느낀다. 당신은 이러한 새로운 인생 환경에 대처하기를 강요받는다.

약점

성마른 성격으로 조급하고 신경질적이며 감정이 메마른 사람으로 비춰진다. 자존심이 강하고 남을 앞지르고자 하는 욕구가 강하여 승부욕에 사로잡히기 쉽다. 자신은 진지하게 생각한다고 하지만 깊이가 얕아 경솔한 결정을 내리기 쉽다. 항상 다른 사람을 조정 하려 들고 나서기를 좋아하며 리더가 되어야 직성이 풀린다. 냉담하고 냉소적인 모습을 지니고 있다. 동정심이 없어 보인다. 화를 잘 내고 편견이 많다. 계산적이어서 작은 돈에 예민하고 오히려 크게 지출 할 때에는 과감하게 지출하기도 한다. 넘치는 자신감이 오히려 거만하게 보일 수도 있다. 다른 사람이 말 할 때 끼어들거나 중간에 말을 자른다. 계산적이다. 자신의 결점을 인정하려 들지 않는다.

보완점

너무 긴장하지 말라.

다른 사람에게 시키는 듯한 인상을 주지 말라.

다른 사람의 감정을 늘 배려하도록 노력하라.

자신에게도 단점이 있음을 인정하라.

당신은 지식과 신속한 결단력으로 매우 존경 받는다. 그러나 당신은 다른 사람에게 "결론이 뭐야?"라고 물으며 자신에게 필요한 정보가 입력되면 차단해버리므로 타인의 말을 자르는 경향이 뚜렷하여 끝까지 듣는 경청 훈련이 필요하다. 대인관계는 당신의 유일한 약점이다. 당신은 사람들이 당신을 위해서 무언가를 하도록 "사람들을 이용"하는 경향이 있다. 이것은 늘 당신에게 돌아올 것이다. 당신이 인생에서 약간의 성공의 단계에 오를 때마다, "실패한 친구들"에 둘러싸여 있는 것을 알지도 모르기 때문이다. 비록 당신은 발전가능성이 있는 친구들에게 크게 매력적일 지도 모르나, 인생에서 매우 실패한 인간관계를 갖게 될 수도 있음을 명심해야 한다. 당신은 매우 빨리 지루해하고, 당신의 인격과 전문적인 삶에서 끊임없는 자극을 필요로 한다. 당신은 매우 경쟁적이고 몹시 성내는 실패자이다. 초기에 당신은 훌륭한 멘토가 필요하다. 당신은 도전적인 당신의 본능적인 경향을 바꾸는 법을 배워야 한다.

당신은 다른 사람의 의견을 존중하는 것을 배워야 한다. 만약 당신이 팀원을 존중하고 팀 프로젝트가 가치 있는 것이라고 여긴다면 효율적인 팀플레이어가 될 것이다. 물론, 당신의 팀에서의 준비된 역할은 팀의 지도자이다. 동료들은 당신을 대단히 존경하지만 당신은 유능하지 못한 남들을 트집잡기 좋아하는 경향이 있어서 남들이 종종 당신을 좋아하지 않을 수 있다.

당신은 팀플레이어가 아니다. 당신은 "스타"이다. 당신은 항상 당신의 "동등함"을 찾는 것에 어려움을 느낄 것이다. 당신의 시각에서 동료들은 결코 약간의 재능도 없을 것이다. 당신의 직업의 초기 단계에서 당신은 크게 실망할 것이다. 상관은 자격 미달이다. 당신 스스로의 일 처리는 느리게 되는 것 같아 보인다. 당신은 발끈 화를 낼 수도 있다. 그러나 당신은 미래의 리더로서 현재에 인내와 끈기를 기를 것을 필요로 한다는 사실을 명심할 필요가 있다.

당신은 진정한 친구이자 훌륭한 동료이다. 당신의 인생을 꽉 차있고, 바쁘고, 때로는 너무나 분주하다. 몇 분 쉬기도 하고 약간의 시간을 내서 놀기도 해라. 홀로 앉아서 당신의 내면의 소리를 들어라. 이것은 정말 지혜로운 것이다. 당신의 모토는 "일도 열심히, 노는 것도 열심히" 이다. 그리고 당신은 그대로 행동한다. 당신의 여가 활동은 계획된 일상이다. 당신에게 빠르게 정보를 주는 잡지와 신문 읽기를 좋아한다. 정신적 예리함을 요구하는 게임에서 전문가가 될 수 있다.

세모형을 위한 기도

너무 조급하여 잠시 망설임도 없이 쏟아 놓는 진실과 정의라는 것이 나 자신을 묶어버리는 자물쇠임을 잊지 말게 하소서! 진실과 정의라는 이름으로 대담해진 저의 경거망동은 깊은 함정으로 자신을 빠뜨리는 어리석음이라는 사실을 가능하면 빠른 시간 내에 알게 하소서! 오래 기다리고 인내하는 가운에 선택된 결정으로 나 자신과 타인에 대하여 너그러움을 드러내게 하시고 정의라는 명분으로 타인을 정죄하고자 하는 나의 교만함을 용서하소서! 이제는 부드럽고 따뜻한 이미지로 변화된 저의 모습을 통하여 두려움으로 바라보던 시선들이 더 가깝고 친밀한 관계로 발전할 수 있게 하여주소서!

연애 법칙

당신의 연인이 세모형일 경우 주도적인 지도력을 인정해주고 따라줘라. 대장 노릇 하도록 허용해주고 기회를 제공하라. 부드럽고 달콤하게

속삭이는 대화에 대한 기대와 환상을 버려라. 그러나 당신이 세모형이라면 상대방에게 기회를 양보하라

당신의 연인과 대화 할 때 부드러움을 극도로 훈련하라.

상대방의 감정, 기분, 정서를 고려하고 느낌언어를 개발하라.

당신의 딱딱함과 이성적인 사고, 강한 리더십은 연애하는 일에 상당한 걸림돌이 될 것이다. 어렵겠지만 당신은 연애에서 성공하기 위한 실천전략을 세우지 않으면 안된다. 하루 한 가지 유머를 당신의 연인에게 입으로, 메일로, 문자로 전달하라. 여유를 가져라. 당신의 사랑이 성공하길 기대한다.

유형별궁합보기

세모유형에게는 에스유형의 진지함과 부드러움, 감정적인 면이 필요하다. 그러나 긍정적인 상황에서는 서로가 상생관계가 되지만 사람을 잘 믿는 세모유형과 타인에 대한 불신이 깊은 에스 유형이 갈등관계가 되면 에스유형이 세모유형을 조용히 떠나게 된다. 그러나 수용능력이 뛰어난 동그라미형은 세모형의 날카로움에도 잘 적응하며 동그라미의 부족한 추진력을 세모형이 보완해 줄 수 있으며 꼼꼼하고 완벽을 추구하는 네모형과도 좋은 관계로 장기간 지속될 수 있는 조화자이다. 당신은 로맨틱하지 않지만 사랑하는 한 사람에게는 헌신적이며 세모형은 가족이 위협받을 땐 포악한 사자가 되며 식사는 정해진 시간에 해야 한다는 사실에 유의하라.

세모형의 이미지

당신은 당신의 지위를 알고 유행하는 값비싼 옷을 입는다. 파란색은 당신의 색깔이며 지위와 명예를 존중하는 당신에게 가장 적합한 컬러이다. 딱 부러지는 결단력과 넘치는 자신감으로 주위 사람들에게 카리스마 있는 강한 지도력을 발휘한다. 늘 정리되어 있고 단정한 당신의 이미지에 따뜻하고 부드러우며 친근한 이미지를 더한다면 당신의 품위는 한층 더 돋보이며 주위 사람들로부터 많은 사랑을 더하게 될 것이다. 이를 위해 더 많이 노력하라.

세모형의 직업유형

경영학, 마케팅, 기획, 전략부서, 기업컨설팅, 노무사, 정치. 군대집단, 경찰관, 법률가, 판.검사, NGO단체활동가, 환경운동가, 영화감독, 운동감독 및 코치, 운동경기심판, 펀드매니져, 보험계리인, 도시계획자, 경영컨설턴트, 경호원, 선장 및 항해사, 항공기조종사, 전투기비행사, 국제회의전문가, 투자분석가, 노무사, 치과의사, 정형외과의사, 시스템컨설턴트, 보안관리요원

네모

네모유형의 성격특성

매우 안정적인 이들은 타인에게 조용하게 호감을 준다. 느긋하고 태평스럽게 보인다. 신뢰감을 준다. 침착하고 친절하다. 일을 조리 있게 잘 처리하며 시작한 일은 늦더라도 마무리를 잘 한다. 인내심이 강하다. 사람들과의 갈등상황을 회피하여 자신의 부정적인 감정을 드러내지 않는다. 지적 욕구가 강하여 교육적인 일에 관심이 많다.

얼굴이 네모난 사람을 한의학에서는 기과(氣科)라 하며 얼굴모양이 각지게 생겼기에 잘 머무르는 특성이 있으나 잘 구르지 못하는 모순이 있다. 얼굴이 네모난 사람은 둥글게 살지 못하고 남들과 잘 다툴 수 있고 융통성이 적다. 새로운 변화에 적응하기가 어렵고 사고가 유연하지 못하며 자기고집이 강하다. 그러나 한번 사람을 믿으면 끝까지 신임하므로 배신을 잘 안 한다. 네모는 한번 자리를 잡으면 움직일 줄 모르고 그 자리를 지키는 우직한 면이 있다. 느긋하고 여유가 있으며 믿음직스러운 장남이미지이다. 거짓말을 하면 얼굴에 다 드러나 거짓말을 못한다. 기과는 인살(人殺)을 피해야 하는데 다른 사람과 더불어 사는 법을 배워야 한다.

네모형 인간은 모든 유형 중에서 가장 유기적이고 전형적으로 주변의 모든 것들이 늘 평범한 것을 좋아하는 매우 단정하고 논리적이며 분별력 있는 사람이다. 이러한 사람들은 대충 일하는 것을 절대 용납하지 못한다. 이들은 또한 모든 유형 중에 가장 박식하다. 지적호기심이 강하고 느린 속도로 성장하는 대기만성형이다. 네모형 인간의 가장 긍정적인 특성 중 하나는 그들의 "인내력과 끈기"이다.

이러한 사람들은 아마도 한 장의 문서가 놓인. 대단히 잘 정돈된 책상을 갖고 있을 것이다. 그들의 책상 위의 모든 물건들은 제각각 그 위치가 있다. 네모형 인간은 "책상을 정리하자. 마음이 정돈될 것이다." 라는 모토를 믿는다. 이처럼 네모형 인간은 물건 정리하는 것을 좋아하고 결과적으로 한두 개의 서류가 그들의 미결 서류함에 여러 서류들이 기결 서류함에 들어있다. 이것은 부분적으로 네모형 인간이 대단히 근면하고 헌신적이라는 사실 때문이다. 그들은 종종 사무실에서 늦게까지 일한다. 네모형 인간들은 정리에 매우 뛰어나다. 그들의 컴퓨터 파일은 획일적이고 훌륭하게 정리되어 있어서 그들의 동료들은 그들이 원하는 어떤 것이든지 손쉽게 얻을 수 있다.

이들은 그들의 행동에 상당한 강박관념을 가질 수 있으며 섬세한 것에 주의를 두며 사실상 완벽주의자로 묘사될 수 있다. 이러한 섬세한 것에 주의를 두는 것은 그들이 항상 분석을 위해 더 많은 정보들을 모으고 그들은 네모형 인간의 특성상 정확한 정보를 선호하기 때문에 그들을 매우 느린 결정자로 이끌 수 있다. 네모형 인간이 통제 받는 것을 좋아하고 따라서 이것은 그들이 놀랄 일이 없는 예측 가능한 환경을 원한다는 사실을 확인시켜 준다. 그러나 이것은 또한 남들에게 그들이 꾸물거리고 변화를 매우 싫어한다는 인상을 준다. 당신은 혼돈가운데서 유기적으로 남아있는 독특한 능력을 가지고 있다. 당신의 서류철들은 상호 참조 되고 색깔별로 구분되어 있다. 사람들은 종종 정보를 위해 당신에게 접근한다. 그들의 본능적인 강박관념과 완벽주의에 대한 경향 때문에 가족이나 동료가 어려움을 호소할 수도 있다.

이러한 특성은 또한 그들의 작업 환경 밖으로까지 흘러나간다. 그들이 조직하는 모든 사회 행사들은 사전에 잘 계획되며 거의 군사적으로 꼼꼼하게 잘 실행될 것이다. 이것은 아마 그들의 작업 공정도에 대한 애정을 잘 설명해줄 것이다. 네모형의 친구들은 몇 안 되지만 그들은 당신에게 가족과 같기 때문에 매우 행운이다. 그들은 항상 당신의 말을 믿을 수 있고 위기에 빠졌을 때 당신이 그들을 저버리지 않으리라는 것을 알고 있다. 당신은 관대하지만 실용적인 선물을 주는 것을 더 좋아한다. 당신의 여가 시간에 당신은 음악을 즐긴다. 읽는 것은 역사 소설과 전기소설을 좋아한다. 취미는 종종 목재로 만드는 것과 수작업 하는 것을 포함한다. 당신은 훌륭한 요리사이다. 당신은 대단한 수집가이다.

당신은 전문적인 당신의 생활로부터 당신의 사생활을 구별하는 것을 선호한다. 직장에서 당신은 "일 먼저, 노는 것은 나중에 "라는 말을 믿는 유기적인 사람이다. 당신은 매우 세부지향적이고 업무는 가장 정확하게 완성되어야 한다고 믿는다. 당신은 대충 일하고, 회의에 늦고, 근무시간 중에 노닥거리는 사람을 존중해주지 않는다. 팀 내에서 일하도록 강요 받을 때, 당신의 역할은 게이트 키퍼(정보의 수집을 정리, 통제하는 사람)이고, 종종 다른 사람들을 위해 많은 일을 한다. 비록 당신은 팀워크의 동지의 우애를 즐기지만 분명 혼자 일하는 것을 선호할 것이다.

당신이 스트레스를 받는다고 느낄 때 당신은 철수하고 홀로 고립되기를 원한다. 당신은 애국적이고 규칙적으로 교회에 출석한다. 당신의 친구들은 적지만 그들은 당신에게 가족과도 같기 때문에 그들이 당신을 친구라고 부르는 것은 행운이다. 그들은 항상 당신의 말을 믿으며 만약 그들이 위기에 처했을 때 당신이 그들을 방치하지 않으리라는 것을 안다. 만약 당신이 팀원을 존중하고 팀 프로젝트가 가치 있는 것이라고 여기면 효율적인 팀플레이어가 될 것이다. 당신의 지도력은 종종 팀 기획에서 나타난다. 다른 사람들은 종종 당신을 지도자로 본다. 당신은 기준이 되고 당신의 결정에 기꺼이 책임 질 수 있는 용기를 가지고 있다. 당신은 위험을 무릅쓰는 사람은 아니다, 하지만 당신의 선택을 주의 깊게 분석하고 계산할 것이다. 당신은 종종 확률적으로 생각한다.

당신은 성실함 면에서 높은 기준과 믿음을 가지고 있다. 모든 사람이 당신의 기준에 맞추는 것은 아니다. 당신은 관대해지는 것, 남의 관점에서 들어주는 훌륭한 경청자이다. 당신의 인생에서 모든 일이 잘 되어 갈 때 당신은 분별력 있고 균형 있는 태도를 유지한다. 당신이 가장 최상의 상태일 때 당신은 유기적이고 능률적인 인간이다. 당신의 사무실은 단정하고 작으며 당신의 일은 정확하고 제 때에 완성된다. 당신은 기호가 맞는 동료들과 농담하고 이야기하는 데 시간을 쓴다. 당신의 다소 엉뚱한 유머감각이 당신 스스로 어려운 문제를 쉽고 창의적으로 해결할 수 있음을 발견할 것이다. 그러나 짧은 시간 동안에 해야 할 일이 너무 많을 때 당신은 매우 스트레스를 받게 된다. 이런 일이 발생할 때 당신은 지킬 하이드의 인격을 갖게 된다. 당신은 제출기한을 놓치고, 일을 대충 하고, 당신의 깔끔한 사무실은 전쟁터처럼 되기 시작한다. 당신은 다른 사람들로부터 물러서고 유머감각을 잃게 된다. 다른 사람들은 당신 주위에 있는 것을 조심스러워하기 시작한다. 당신은 목표가 불확실하고 마감시간을 놓쳤을 때 스트레스를 받는다. 스트레스 받을 때 당신은 엄한 감독자이며 동료들이 당신의 현재 모습에 위축되게 한다.

네모형의 가정생활

당신은 전통적인 가족가치 앞에서는 보수적이다. 당신은 이혼이라는 것을 믿지 않으며 깨끗하고 능률적인 가사 일이 공정하게 나누어지길 기대한다. 당신은 일에서는 열심히 힘쓰는 사람이다. 그래서 당신의 집안 환경은 정돈되어 있고 스트레스가 없어야 한다. 당신은 로맨틱하지 않지만 사랑하는 한 사람에게는 헌신적이며 식사는 약속된 시간에 해야 한다. 사회적인 사건은 거의 없지만 일어나는 사건은 조심스럽게 계획하고 능률적으로 수행될 것이다. 집에서 당신은 가족들에게 매우 헌신적이다.

네모형의 이미지

네모형의 사무실은 늘 단정하고 깨끗하다. 당신의 옷장은 장식적이기보다는 실용적이고 당신은 회색이나 황갈색 같은 부드럽고 단조로운 색을 선호한다. 튀지 않고 평범하며 녹색의 안정감과 편안한 컬러를 선호한다. 혁신적인 변화를 수용하는 일에 익숙하지 않은 이들은 유행을 받아들이는 일에 매우 보수적이다. 그러나 가장 품위 있고 우아한 이미지를 가지고 있으나 가끔씩은 지루하지 않도록 새롭고 신선한 감각을 시도해보라.

약점

당신의 가장 큰 결점은 자신감의 부족이다. 스스로를 너무 심각하게 말하는 것을 그만두어라. 당신의 유머감각을 나타내라. 우유부단하여 의사

결정능력이 필요하다. 한번 시작한 일을 마무리는 잘 하지만 처음 시작하는 추진능력이 부족하다. 사건이나 상황에 개입하여 문제를 해결하기 보다는 방관자적 입장을 취함으로 이기적인 모습으로 보여 질 수 있다. 변화를 싫어한다. 자신이 요구하는 기대에 미치지 못하면 잔소리를 많이 한다. 지나치게 정리정돈에 집착한다.

보완점

일에 대한 열정을 강력하게 갖도록 하라. 스스로에게 늘 동기부여 하라.
다른 사람의 부탁에 대해 자신의 솔직한 의견을 표현하라.
거절하는 법을 배워라. 매 순간 결정능력을 키워라.
새로운 변화에 도전하고 수용하라.
일에 대한 속도를 내어라

네모형을 위한 기도

모든 사람들에게 좋은 사람, 착한사람으로 보이기 위해 지나치게 자신을 숨기고 자신을 존중하지 않음으로 자존감을 떨어뜨리지 않도록 도와주시고 솔직하고 당당하게 제 자신의 감정이나 의견에 대해 표현 할 수 있는 용기를 주옵소서! 무엇인가 결정하고자 할 때 너무 망설이며 우유부단하거나 타인의 결정에 따르는 의존성에서 벗어나 스스로 결정할 수 있는 의사결정능력을 키울 수 있도록 도와주소서! 왜 그것을 결정해야하는지, 논리적이고 분석적으로 접근하고 생활 속에서 실제로 적용할 수 있는 용기를 주소서! 하지만 제 자신의 의견이나 감정에 대한 표현을 솔직하게 하고 거절하거나 결정하는 일로 인하여 마음이 불편함을 겪는 일 보다는 차라리 그냥 제 모습 그대로 사랑하고 가치 롭게 여길 수 있도록 도와주소서!

네모형의 연애법칙

네모형의 보수성은 한사람에게 성실하다. 사랑에 대한 표현도 적을 뿐 아니라 매우 드물다. 그러나 이들은 당신에 대해 신뢰하고 있으며 늘 정직한 자세로 임하기 때문에 믿을 만하다. 표현이 적다고 요구하지 말라. 마음이 내키지 않는 일을 억지로 하기 어렵다. 그러나 네모형인 당신은 바짝 정신을 차려야 한다. 당신의 그 무거움 때문에 기다리다 지친 동그라미형은 당신 곁을 떠나게 될지 모른다. 서둘러 고백하라. 당신의 그 여유와 느긋함 역시 조급한 세모형을 떠나게 만든다는 사실을 명심하라.

네모도형의 성격궁합

우유부단하거나 혼란스러움을 경험하는 네모형에게 확실한 지침을 주고 해결해 줄 수 있는 세모도형에게 끌린다. 매사에 세모도형의 결정에 의존하려고 한다. 그러나 융통성이 없고 비사교적인 네모도형은 사교적이고 늘 새로운 것에 대한 호기심이 많고 수용능력이 뛰어나 원만한 대인관계를 유지하는 동그라미도형을 부러워하기도 한다. 하지만 불규칙적이거나 엉뚱한 상상력, 개성이 강하고 개방적인 에스도형에게는 답답하고 재미없는 사람으로 비춰질 수 있다.

네모형의 적합직업유형

　교육자, 사서, 역사학자, 공학전문가, 수공예예술가, 의상디자이너, 조경기술자, 직업훈련교사, 회계사, 경제학자, 보험설계사, 요양보호사, 측량사, 사회과학연구원, 번역가, 세무사, 전문비서, 문화재보존가,항공기정비원, 통계연구원, 물류관리전문가, 건축 및 토목 캐드원, 도장기조작원, 학예사, 인문사회계열교수, 한의사, 의무기록사, 특용작물재배자, 항공교통관, 건물청소원, 우편사무집배원, 제사, 역무원, 철도기관사, 도예가

에스유형

다재다능하다. 감수성이 예민하고 예술적 재능이 많다. 도구나 기계를 다루는 능력이 뛰어나다. 음식에 민감하여 미식가가 많다. 다른 사람의 비위를 잘 맞추며 서비스정신이 강하다. 순수하다. 아이디어가 많고 창의적이며 독창적이다. 분석적이고 논리적이다. 내향적이거나 소심하다. 사색적이며 치밀하다. 창조적이다. 밝고 명랑하게 보이나 내면의 우울을 감추고 있다.

한의학에서 보면 얼굴이 삼각형이거나 길게 생긴 사람을 혈과(血科)라 한다. 전체적으로 부드러운 곡선을 띄고 있으며 올라가지 못하는 모순을 가지고 있다. 안정감이 있으며 현실안주형으로 진취적인 기상이 부족하다. 혈과는 지기(地氣)가 발달해 있어서 늘 집에 있으려고 하며 먹는 것에 욕심이 많다. 혈과는 지살(地殺)을 주의해야 한다. 땅에서 나는 음식을 먹고 생기는 병을 말하는데 식중독이나 식체, 장염 등에 걸리는 것이다.

에스형의 특징

에스형 인간은 정돈된 것과는 거리가 멀다. 그들은 특별히 창조적이고 눈부시며 극적이고 유머가 넘친다. 그들은 모든 유형 중에 가장 다루기 힘들고 유기적이지 못하다. 그러나 그들은 주위에 가장 동기를 주는 사람이 될 수 있다. 이러한 사람들은 덜 완성된 일에 둘러싸여 있고 그들의 책상은 온통 먹다 남긴 음식과 오래된 커피 잔들로 어지럽다. 에스형 인간의 사무실에는 가족사진이 없으며 방문자들에게는 그들의 사무실이 혼란스러워 보일지도 모르나 에스형 인간들은 모든 것들이 어디에 있는지 알기 때문에 그렇지 않다. 에스형 인간들은 그들 자신을 매우 독특하다고 여긴다. 에스형 인간들은 많은 짐들을 챙기지 않고서는 아무데도 갈 수 없으며 그들은 항상 안절부절 못하고 시달리며 늘 서두른다. 그들은 거의 업무를 끝내고 끝없는 일상의 일과 싸운다. 에스형 인간은 항상 끊임없는 변화를 겪고 그들은 매우 쉽게 지루해하고 사람과 전문적인 능력 모두에서 끊임없는 자극을 필요로 하는 것은 놀랍지 않은 사실이다.

창조적인 에스형 인간은 책상 뒤의 벽을 꾸밀지도 모르나 결코 그것에게 두 번 시선을 주지 않을 것이다. 유사하게 흥미로운 에스형 인간들은 그들이 거의 읽어보지 못한 희소하고 재미있는 주제의 책들을 구매할 지도 모른다. 에스형 인간은 종종 "문서업무는 시간낭비야!", "나는 최고의 아이디어를 얻었어!", "나는 대답에 대해서 NO를 받아들이지 않겠어!"라는 말들을 한다. 그들은 또한 그들의 의견을 다른 사람들과 나누는 것에 너무 열정적인 나머지 불량한 경청자가 되는 경향이 있다. 이것은 그들의 친구들과 동료들로부터 불평과 반감을 초래할 수 있다.

에스형 인간은 사회에서 그들이 공상을 많이 한다는 사실에 전적으로 공헌할지도 모를 "아이디어 생산자"가 되는 경향이 있다. 그들이 프로젝트에 대해 흥미를 가지면 그들은 그 프로젝트에 잘 집중할 수 있다. 그들은 또한 꽤나 변덕스럽기 때문에 괜찮은 공동 작업자가 아니며 그들은 대개 사람들에게 진지하게 열중하지 않는다.

에스형 인간은 영원히 변함없이 상중에 검은색으로 차려 입는 것이 실수가 될 수 있다. 그들의 창조적인 선을 따라가면 에스형 인간은 아마 그들의 여가 시간에 예술적인 영화들을 즐기며 심지어 영화 클럽에 가입하기도 한다. 그들은 초점의 결여 때문에 에스형 인간들은 교양 있는 영화에 매우 유익하지만 그들은 절대 그 영화가 순위 랭킹에서 떨어지지 않게 할 것이다. 그러나 그들은 예리한 위트가 있고 그들은 주위에 훌륭한 사람들의 파티의 삶과 영혼이다. 그러나 그들은 가끔은 오히려 긴장하며 그들을 이해하지 못하는 사람들로부터 '정신병자, 별난 사람' 이라고 불릴 수도 있다.

　당신은 강한 감정을 가지고 있으며 매우 기쁘거나 긍정적이고, 부정적이고 우울한 두 감정을 모두 나타내는 경향이 있다. 당신이 다른 사람들에게 여러 성격으로 보이는 것은 당연하다. 때때로 당신은 유머 있고 열정적이고 밝은 동료이다. 그 다음날 당신은 아마 주위를 철수하고 반사회적이 될지도 모른다. 당신에 대해 제일 잘 예측할 수 있는 것은 당신은 '예측할 수 없다' 는 사실이다. 당신은 당신 주위의 사랑스러운 친구들이 필요하다. 당신은 강한 사회적 욕구를 가지고 있으며 "파티 인생"을 즐긴다. 당신은 가라오케의 무대에서 가장 먼저 나오는 한 사람이다. 당신은 타고난 만능재주꾼이다. 당신의 유머감각은 훌륭하지만 "이상한" 면으로 가는 경향이 있다. 당신은 가끔 당신의 친구들을 당혹스럽게 한다. 이상 세계에서 당신은 하루 종일 일을 하지 않고 놀 것이다.

　당신의 취미는 매우 많고 다양하며 항상 바뀐다. 당신은 운동선수가 아니며 그룹 활동과 정신력 게임을 더 선호한다. 당신은 과학소설을 즐겨 읽으며 당신의 음악적 취향은 평범하지 않다. 당신은 극장을 사랑한다. 당신은 기호가 맞는 동료들과 농담하고 이야기하는 데 시간을 쓴다. 당신의 다소 엉뚱한 유머감각이 당신 스스로 어려운 문제를 쉽고 창의적으로 해결할 수 있음을 발견할 것이다. 당신은 모든 직장에 행복을 가져다준다. 당신은 사람들이 좋아하고 긍정적이며 흥미와 재미를 위해 거의 아이 같은 요구를 하곤 한다.

　사소하고 작은 일로 인하여 고민하지 말라. 그리고 기억해라, 다 작은 일일 뿐이다. 당신의 본능적인 경향은 친절하고 다른 사람들을 잘 챙겨주는 것이고 당신은 늘 사람들에게 두 번째 기회를 줄 것이다. 그러나 어떤 사람이 당신에게 충분한 시간을 주면 당신은 결국 그 시간을 취소할 것이다. 당신은 특히 느리게 생각하는 사람과 전체를 분석하는 것 없이 일을 결정하지 못하는 사람과는 지내기 어렵다. 당신은 네모형 인간을 싫어하는 당신의 본성을 억제해야 한다. 왜냐하면 당신은 명석하고 신중하게 사고하는 사람이고 매우 자발적인 사람이기 때문이다. 당신이 문제를 해결하는 것을 볼 때 당신은 그것을 서두르기를 원할 것이다. 그러나 다른 사람들은 속도를 더 늦추는 것을 추구할 것이다. 당신은 동료들에게 종종 실망한다. 그러나 당신은 당신의 화난 얼굴과 감정을 잘 숨길 수 있다.

에스형의 이미지

　당신의 스타일을 예측할 수 없다. 어떤 날에는 정장과 넥타이를 입고 다음날에는 청바지와 티셔츠를 입을지도 모른다. 당신은 예술적이며 가라오케 클럽에서 노래하는 것을 즐긴다. 당신의 취향은 남모르게 기묘하다. 당신은 평범하게 누구에게나 어울리지 않는 신비의 컬러 예술적 감성을 드러내는 보라색의 주인공이다. 예술적이고 창조적이며 영적인 신비로움을 지니고 있다. 자유분방하다. 개성이 있다. 도시적 이미지를 지니고 있어 세련되고 우아하며 귀여운 이미지를 연출한다.

에스형의 보완점

당신은 유기적이지 못하고 마감시한과 섬세한 것에는 어려움이 있다. 당신의 사무실은 허리케인이 지나간 것 같다. 문서들은 온 바닥에 널려있다. 당신은 문서 업무, 규칙, 규정들을 몹시 싫어한다. 당신은 관리자가 아닌 지식을 요하는 노동자이다. 당신은 전통적인 관리직에는 어려움이 있고 경영자보다는 지도자이다. 당신은 어질러 놓는 것을 좋아하고 다른 누군가는 그것을 치운다. 당신은 완전히 캐주얼한 옷들을 선호하며 "격정적으로 타는 불꽃"이며 밝은 색들을 좋아하고 매우 예술적이며 전위적인 극장, 미술과 음악을 사랑한다. 동료들은 당신을 대단히 존경하지만 당신은 유능하지 못한 남들을 트집잡기 좋아하는 경향이 있어서 남들이 종종 당신을 좋아하지는 않는다. 당신은 또한 쉽게 지루해하고 변덕스러워서 인생에서 매우 실패한 인간관계를 갖게 될 수도 있다. 당신의 최고의 장기간의 조화자는 동그라미나 네모형 인간이다.

에스형의 약점

소심하여 작은 일에도 의기소침하고 쉽게 낙심하며 절망한다. 감정기복이 심하다. 이기적이고 완벽주의 성향이 강하다. 실패를 두려워하여 새로운 일을 계획하고 추진하는데 어렵다. 성숙되지 못하면 비판적이고 부정적인 면을 보인다. 한번 서운한 감정이 들면 오래 지속된다. 질투심과 복수심이 강하다. 피해의식이 강하다. 타산적이고 남을 불신하는 일이 많다. 인색하다. 지나치게 꼼꼼하다. 자존감이 낮다.

보완점

너무 쉽게 좌절하거나 작은 일에 상처받지 않도록 대범해져라. 감정기복이 심한 당신의 감정을 잘 다스려야만 한다. 늘 긍정적인 면을 보도록 노력하라. 너무 신중하거나 꼼꼼하여 일 처리가 늦어지지 않게 하라. 지나치게 완벽 하려고 애쓰지 말라. 실패에 대한 두려움으로 미리 포기하지 말고 적극적으로 도전해 보라.

에스형을 위한 기도

새로운 일을 시작할 때 실패에 대한 두려움으로 미리 포기하지 말게 도와주시고 담대함을 주옵소서! 실패하더라도 다시 도전하고 새롭게 일어설 수 있는 용기를 주시고 저의 기분상태에 따라 이기적인 모습으로 타인을 대하지 않도록 제 자신의 감정을 잘 다스릴 수 있게 도와주소서!

쉽게 낙심하거나 좌절하지 않도록 담대함을 주옵소서!

에스형의 연애법칙

늘 새로운 것에 대한 호기심이 많은 에스형은 지루함을 가장 견디기 어려워 한다. 그러기 때문에 독신으로 오래도록 혼자 살던지 여러 사람과 좋은 친구관계를 유지하기 원한다. 그렇지만 한사람과 연애 할 경우 늘 이벤트를 계획하고 즐겁게 지내길 원하며 깜짝 파티를 즐긴다. 이런 상황에 무덤덤한 세모형이나 네모형이라면 도무지 이해하기 어려워 결별을 선언하기에 이를 수 있다. 그러나 당신이 에스형이라면 무계획적이고 자유롭고 독특한 개성을 참아줄 수 있는 상대가 많지 않음을 인정하고 그들의 기분과 요구를 청취할 필요가 있음을 명심하라. 나와 다른 에스형을 이해하기 위해서는 에스형의 내면적인 욕구와 계획되지 않은 무절제함을 어느 정도 수용할 준비가 되어 있어야 한다. 재미있고 흥미진진하며 활력이 넘치는 삶을 에스도형과 함께 계획해보라.

에스형의 성격궁합보기

당신의 별난 행동을 참아줄 완벽한 "동그라미형" 인간을 찾지 못한다면 당신은 오랜기간 혼자 살게 될 수도 있다. 당신이 어떤 사람과 의미 있는 관계를 갈망할지라도 당신이 연애에서 접근/회피 기질을 가지고 있다. 당신은 솔직하게 친밀한 당신의 능력 때문에 수많은 거절과 자신감의 부족을 경험해왔다. 당신은 그렇게 나쁜 사람이 아니다, 단지 조금 괴상할 뿐이다 그것은 괜찮다. 인정하고 그것을 즐겨라! 평범한 것은 지루하지 않은가? 에스형의 이성에게는 개인적인 공간을 허용해주고 침묵하고자 할 때 조용하게 두어라. 지속적인 정서적 지지와 격려를 해주어라. 당신의 최고의 장기간의 조화자는 동그라미나 네모형 인간이다.

에스형의 적합직업유형

에스형 인간들은 그들의 적소를 웹디자인과 개발에서 찾는 유형의 인간일지도 모르므로 그들의 본능적인 창조의 면은 완전한 이점이 된다.

종교인, 예술가, 연예인, 모델, 작곡가, 디자이너, 사진작가, 엔지니어, 컬러리스트, 인테리어디자이너, 귀금속 및 보석세공원, 웹프로듀서, 게임기획자, 메이크업아티스트, 코디네이터, 카지노딜러, 제과제빵사, 조리사, 식품공학기술자, 심리치료사, 이공학계열교수, 물리학자, 음악치료사, 로봇연구원, 정보보호전문가, 가상현실전문가, 영상 및 녹화편집기사

매끈

세모유형에게.....
꺼칠하고 모나게 굴지 말라!
매끈매끈하게 자신을 다듬어라!
부드럽게, 맹글 맹글 하게 굴어라!

질끈

동그라미유형에게...
한번 내뱉은 말은 다시 주워 담을 수 없으니
입이 간지러워도 참고,
보고도 못 본 척 할 수 있는 사람이 되라.
다른 사람이 나를 비난해도 질끈 눈을 감아라!

화끈

네모유형에게
미적지근한 사람이 되지 마라.
누군가 해야 할 일이라면 내가 하고,
언젠가 해야 할 일이라면 지금 하고,
어차피 할 일이라면 화끈하게 하라.
눈치 보지 말고 소신껏 행동하는 사람,
내숭떨지 말고 화끈한 사람이 되라!

나를 이기는 힘을 아는자

발끈

에스유형에게...

오기 있는 사람이 되라.

실패란 넘어 지는 것이 아니라

넘어진 자리에 머무는 것이다.

동트기 전이 가장 어두운 법이니

어려운 순간일수록 오히려 발끈하라!

모두에게 필요한 끈!

따끈! 따끈! 따끈 한 끈이 되라!

따끈한 사람이 되라.

끈끈한 만남

단 한번의 만남도 소중한 인연으로 만들어가는

끈끈한 사람이 되라

매끈, 발끈, 화끈, 질끈, 따끈함으로

질긴 사랑의 끈으로 당신의 삶이 풍요로워지도록!......

출처 : 인터넷 '참빛'

나의 도형 심리특성 이해하기

(   ) 유형

장점 :

1)

2)

3)

약점 :

1)

2)

3)

보완점 :

1)

2)

3)

보완하기 위한 행동실천전략 :

1)

2)

3)

도형심리 특성에 맞는 직업 및 진로 찾기 :

1)

2)

3)

4)

5)

2. 기질로 보는 내면여행

2. 기질로 보는 내면여행

  히포크라테스는 주전 4세기경 그리스의 의사이자 철학자이며 기하학자로 알려져 있는데 의학을 철학적으로 접근하였으며 인체를 전체, 즉 유기체로 간주하였고 인체의 각 부분들은 포괄적인 개념 속에서 이해하고 분할된 각 부분들이 전체적인 구조 안에서 파악되어야 함을 연구결과로 보여주었다. 인체의 생리나 병리(病理)에 관한 그의 사고방식은 체액론(體液論)에 근거한 것으로써 인체는 불·물·공기·흙이라는 4원소로 되어 있으며 인간의 생활은 그에 상응하는 혈액(blood), 점액(phlegm),황담즙(黃膽汁,yellowbile), 흑담즙(黑膽汁,black bile)의 네 가지 것에 의하여 이루어진다고 생각하였다. 그로부터 약 500년 후에 그리스의 의사 갈렌(Galen)은 기원후 200년경 히포크라테스의 체액론에 근거한 기질(temperament)에 대해 다혈질(sanguine), 우울질(melancholic), 담즙질(choleric), 점액질(phlegmatic) 에 대한 장단점의 목록을 자세하게 기록해 놓았으며 이 이론은 현재까지 전해지고 있는데 유럽을 중심으로 주도적인 위치를 고수하고 있으며 여러 가지 성격유형별 진단도구들을 개발하는데 유용한 자료로 활용되고 있다.

기질 테스트

※ 다음 문항 중에서 자신(배우자)을 나타내고 있는 표현에 ∨해 보세요

	대중적 다혈질		역동적 담즙질		완벽주의 우울질		평온한 점액질	
1	생동감 있는		모험적인		분석적인		융통성 있는	
2	쾌활한		설득력 있는		끈기 있는		평온한	
3	사교적인		의지가 강한		희생적인		순응하는	
4	매력 있는		경쟁심이 있는		이해심 많은		감정을 억제하는	
5	참신한		능력이 비상한		존중하는		삼가는	
6	신나는		독자적인		민감한		수용하는	
7	장려하는		긍정적인		계획하는		참을성 있는	
8	충동적인		확신하는		계획을 따르는		과묵한	
9	낙천적인		솔직한		질서 있는		포용력 있는	
10	재담이 있는		주관이 뚜렷한		신실한		응답하는	
11	즐거운		겁 없는		섬세한		외교적인	
12	명랑한		자신감 있는		문화적인		안정된	
13	고무하는		독립적인		이상적인		거슬리지 않는	
14	표현하는		단호한		몰두하는		정색하고 농담하는	
15	쉽게 어울리는		행동가		음악을 좋아하는		중재하는	
16	말하기 좋아하는		성취하는		사려 깊은		관대한	
17	열정적인		책임을 지는		충성스러운		듣는 자	
18	무대형의		지도력이 있는		조직적인		만족한	
19	인기있는		생산적인		완벽을 추구하는		편안한	
20	활기있는		담대한		예의바른		중도적인	

	대중적 다혈질		역동적 담즙질		완벽주의 우울질		평온한 점액질	
21	허세부리는		권세를 부리는		숫기 없는		무표정한	
22	규율이 없는		동정심이 없는		용서하지 않는		열정이 없는	
23	중언부언하는		거스리는		분을 품는		상관하지 않는	
24	건망증이 있는		노골적인		까다로운		두려워하는	
25	중간에 끼어드는		성급한		자신감이 없는		결단력이 없는	
26	예측할 수 없는		애정표현이 없는		인기 없는		관계하지 않는	
27	되는대로 하는		완고한		불만스러운		망설이는	
28	방임하는		교만한		염세적인		단조로운	
29	쉽게 분노하는		논쟁이 좋아하는		자신을 격려하는		목표가 없는	
30	피상적인		자만하는		부정적인		안일한	
31	칭찬을 바라보는		일벌레		뒤로 물러서는		염려하는	
32	말이 많은		무례한		과민한		소심한	
33	무질서한		지배하는		낙담한		확신이 없는	
34	일관성이 없는		관대하지 못한		내성적인		무관심한	
35	어지르는		조종하는		우울한		중얼거리는	
36	과시하는		고집 센		회의적인		느린	
37	시끄러운		주장하는		외로운		게으른	
38	산만한		성미가 급한		의심이 많은		나태한	
39	침착하지 못한		경솔한		양심이 깊은		마지못해 하는	
40	변덕스러운		약삭빠른		비판적인		타협하는	

가장 많은 점수를 합계하여 자신의 기질을 확인한다.

네 가지 기질적 특성

대중적 다혈질
역동적 담즙질
평온한 점액질
완벽주의 우울질

다혈질

다혈질의 장점

인생을 가장 즐겁게 산다. 공동묘지를 지나면서도 휘파람을 불면서 여유만만함을 과시한다. 불쾌한 상황을 쉽게 떨쳐버린다. 쉽게 낙심하기도 하지만 낙심한 상황가운데서도 쉽게 일어선다. '지금 여기에' 충실한 현실파이다. 골치 아픈 미래를 미리 염려하느라 오늘을 허비하지 않는다. 다른 사람의 감정을 쉽고 빠르게 읽어내며 자신의 감정에도 충실하다. 동정심이 많아 다른 사람들의 일에 발 벗고 나서다 보니 늘 주변에 사람이 많이 모인다. 처음 대면하는 사람이라도 쉽게 사귈 수 있으며 먼저 명함을 내밀어 말을 붙이는 유형이다. 다양한 사람들과 인간관계를 가지므로 대인관계의 폭이 넓은 편이며 주위 사람들을 늘 기쁘고 행복하게 해준다. 자신이나 타인에 대한 감정표현에 솔직하다. 오 할레스비 박사는 다혈질에 대해서 " 구김 없고 자발적이며 다정한 성품 때문에 사람들의 마음의 문을 연다 " 라고 표현할 만큼 사람들에게 호감을 준다. 새로운 일에 대한

나를이기는 길은 나를아는지혜

관심이 높고 끊임없이 도전하고자 하는 열정에 지칠 줄 모른다. 변화를 수용하는 능력이 뛰어나고 새로운 유행을 이끌어가는 유행선도파이다.

다혈질의 보완점

누구에게나 좋은 사람이라는 호평을 받지만 때로는 약속을 해놓고 어기는 경우가 많아 신뢰감을 주기위해 노력해야한다. 여러 가지 일을 벌려 놓기는 하지만 끝마무리가 약하다. 말을 많이 하다 보면 자연히 실수가 많기 마련! 잘못도 많지만 쉽게 인정하고 용서를 구하기도 한다. 혼자서 너무 말을 하다 보니 다른 사람과 대화 할 때 독선적이고 이기적인 사람으로 보일 수 있다. 끊임없이 활동을 하고 움직이지만 별 소득이 없고 일의 진전이 없다. 감정에 쉽게 흥분하므로 일의 흐름을 그르치기도 한다. 의지가 약하여 자신에게 관대하며 정서에 무척 예민하여 이성의 유혹에 넘어가기 쉽다. 남을 잘 설득하기도 하지만 남의 설득에 쉽게 넘어갈 수 있으니 충동구매에 각별히 주의해야 한다.

다혈질의 진로 및 직업적성

언변이 뛰어나고 대인관계가 좋으므로 영업직에 적합하며, 많은 사람들 앞에서 사회를 보거나 주목 받는 일을 잘 할 수 있다. 대중예술인이나 연예인 매니져, 레크레이션 지도자 또는 대중을 설득하거나 정치적인 발언에 익숙하여 정치에 적합하며, 사람과 관계된 일을 하게 되면 즐겁게 잘 적응할 수 있다. 다른 사람을 돕는 일에 즐거움과 보람을 얻으므로 병원이나 여행가이드, 서비스관련 직업에 적합하다.

다혈질의 쇼핑습관

다혈질은 가격보다는 감각적으로 눈에 보아서 만족할 만한 것을 고른다. 겉포장이 화려한 것에 끌리며 마지막 세일이나 한정판매라는 문구에 약하여 충동구매를 하는 이들은 계획 없는 쇼핑으로 인하여 가장 짐이 크다. 특히 변심하여 반품이나 환불이 어려운 해외여행을 갈 때 계획적인 쇼핑을 하기위한 플랜을 사전에 세우고 구매욕구를 절제할 수 있도록 노력해야 한다. 쉽게 구매결정을 하는 만큼 반품이나 교환이 잦은 고객이므로 이들에게는 쉽게 판매하였으나 혹시 변심할 가능성이 가장 큰 고객이기도 하다.

인물탐색

오프라 윈프리, 성경 속 인물 베드로

담즙질

의지가 강하고 활동적이며 실용적이고 독립적이다. 도전정신이 강하여 하고자 하는 목표가 생기면 줄기차게 밀고 나간다. 성취하고자 하는 목표가 생기면 강력하게 밀어붙여 추진해야만 직성이 풀린다. 활동을 함으로써 에너지를 충전하기 때문이다. 논쟁이 시작되면 자신의 입장을 분명히 하고 불의한 일 앞에서는 정의를 위하여 부당함과 맞서 싸운다. 어려운 상황에서 더욱 자극을 받아 힘을 내며 단호한 결단으로 어려운 상황을 극복해나간다. '정의의 투사' 라는 칭호를 듣는 사람들의 유형이며, 과

나를이기는 힘은
나를아는지혜

단성이 있고 결정능력이 뛰어나며 추진력이 있어 타고난 리더 유형이다. 부당함이나 불의함을 보고 그냥 넘기지 못하고 자신이 손해를 볼지라도 남이 손해 보는 꼴을 그냥 넘길 수 없어서 앞장서는 오지랖 넓은 정의파이다. 자신이 추진하는 일에 있어서 늘 자신만만하고 성공을 확신하여 밀어붙임으로 타인에게 오만하다는 인상을 심어줄 수가 있다. 경쟁적이고 일중심적이며 승부욕이 강하고 목표지향적이다.

담즙질의 보완할 점

일 처리에 있어서 분석보다는 직관에 의하며 논리적이지만 세부사항을 등한시하여 잠재적인 위험이나 장애를 등한시하기 쉽다. 세부적인 지침에 따르기 보다는 자신의 직관에 의하여 의사결정을 내리는 경향이 있다. 타인의 정서에 민감하지 못하여 배려심이 없다는 평가를 받게 되며, 정보를 수집함에 있어서 인내를 가지고 끝까지 경청하지 못하고 중간에 말을 자르는 경우가 많다. 독단적인 의견이나 주장을 너무 강하게 드러내기보다는 상대방에게 이야기 할 수 있는 기회를 주고 타인의 의견을 수용하는 자세가 필요하다. 늘 자신만만하게 보여서 때로는 타인에게 위압감을 주거나 거만하게 보이기도 한다. 항상 다른 사람을 조정 하려 들고 나서기를 좋아하며 리더가 되어야 직성이 풀린다. 냉담하고 냉소적인 모습을 지니고 있다. 동정심이 없어 보인다. 화를 잘 내고 편견이 많다. 계산적이어서 작은 돈에 예민하고 오히려 크게 지출 할 때에는 과감하게 지출하기도 한다. 다른 사람이 말 할 때 끼어들거나 중간에 말을 자른다. 너무 긴장하여 인상이 딱딱하고 굳어 보인다. 다른 사람에게 시키는 듯한 인상을 주지 말라. 다른 사람을 늘 배려하도록 노력하며 인정머리 없는 냉혈인간으로 비춰질 염려가 있으니 타인의 정서에 민감하도록 노력하라. 자신의 결점을 인정하려 들지 않는 고집이 있으므로 자신의 실수나 잘못을 인정하고 자신에게도 단점이 있음을 고백하라.

담즙질의 진로 및 직업적성

직관이 발달하고 독창적인 아이디어가 많으며, 이성적이고 냉정한 성격으로 성형외과의사나 치과의사, 리더의 성향으로 최고경영자나 감독자 가시적인 생산성이 드러나는 건설현장의 현장감독이 적합하며 영업능력이나 기획능력이 탁월하고, 실용과목의 교사, 정치와 군대에 적합한 유형이다. 비선호 직업으로서는 꼼꼼함을 요하는 회계나 세무관련직은 피하며 단순하거나 반복업무를 요구하는 사무직이나 연구직 그리고 타인의 정서에 깊이 공감하며 배려를 필요로 하는 상담, 서비스직을 수행하는 일이 어렵게 느껴질 수 있다.

담즙질의 쇼핑습관

담즙질은 쇼핑을 좋아하지 않는다. 그러나 필요한 것이 있고 그것을 사고자 할 때에만 상점에 가며 한번 가게 되면 다혈질처럼 필요한 양보다 더 많이 사게 된다. 큰 금액에는 대담하게 지출을 하지만 사소한 금액을 가지고 점원과 다툼을 하거나 옳지 못하다고 생각되는 일에는 작은 금액이라도 끝까지 따진다.

담즙질의 인물탐색

박정희전대통령, 대처 전수상 힐러리여사, 성경 속 인물 바울

점액질

차분하고 균형 잡힌 만사태평 형이다. 행동이 느리고 온화하며 평온한 느낌을 갖게 한다. 관계지향적 성향으로 주변에 친구가 많다. 유머감각이 뛰어나 자신은 전혀 웃지 않으면서 진지한 얼굴로 천연덕스럽게 주변 사람들을 즐겁게 해준다. 다혈질처럼 드러나거나 시끄럽지 않지만 은근과 끈기가 매력인 유형이다. 그러나 다혈질이나 담즙질이 보기에는 답답하게 보이기도 한다. 어떤 사건이나 상황에 있어서 참여자보다는 관찰자 입장에서 객관적인 행동을 취한다. 이런 성향 때문에 다소 이기적이거나 방관자처럼 보이기도 한다. 그러나 결정적으로 자신의 개입이나 리더십을 요구할 때에는 유능하고 효율적인 모습을 보여주기도 한다. 책임이 주어졌을 때에는 내면에 간직되었던 훌륭한 리더십을 발휘할 수 있다.

점액질의 보완점

점액질은 어느 기질보다 느리고 만사태평 한만큼 게으름이 흠이다. 많이 움직이도록 노력해야 하며 변화에 지극히 보수적인 성향을 가지고 있으므로 변화수용을 하도록 해야 한다. 또한 점액질은 가장 이기적인 기질로서 주변 친구나 동료들에게 지나치게 인색한 사람으로 보이지 않도록 때에 따라 베풀 수 있는 기회를 자주 갖도록 해야 한다.

점액질의 진로 및 직업적성

점액질에게 가장 적합한 분야는 교육분야이며 사회사업가나 상담가로서도 훌륭한 자질이 있으며 안전한 직장을 원하며, 모험을 즐기지 않기 때문에 공직이나 지방자치단체 등 공무원과 같은 안전한 직장을 선호한다. 그러나 한 가지 일에 집중하는 인내심이 뛰어나기 때문에 한 분야에서 장인기질을 발휘하는 전문가들이 많다.

점액질의 쇼핑습관

점액질은 우아하고 품위가 있으며 쇼핑을 즐기는 유형이다. 하지만 매우 검소하고 절약한다. 우유부단함 때문에 무엇을 사야 할지 잘 결정하지 못하여 머뭇거리다가 필요한 것을 충분히 구입하지 못하여 자주 쇼핑을 하게 된다. 한번 구입한 물건은 마음에 안 들어도 주인과의 다툼이 걱정되어 반품이나 환불요구를 거의 하지 않고 집에 두게 된다. 점원들이 상품을 판매하기 가장 쉽고 편한 고객이다.

점액질 인물탐구

간디, 마더데레사

우울질 (흑담즙질)

가장 정서적으로 예민하고 예술가적 재능이 많은 기질이다. 내향적 기질의 우울질이지만 자신의 끼를 발산하기 위해서는 대담하게 대중 앞에 서며 무대실력을 발휘하기도 한다. 상상력이 뛰어나고 창작활동에 능하며, 완벽주의 성향이 강하다. 이상주의자적이고 감정적이어서 밝고 명랑하다가도 쉽게 우울해지는 성향을 보여 주변에 있는 타인들로부터 변덕쟁이라는 평가를 듣기도 한다. 신중하고 깊이 생각하며, 타인의 반응이나 평가에 예민하다. 완벽성에 대한 기대 때문에 일 처리에 있어서 책임감이 강하고 충성스럽다. 앞장서서 일을 하기보다는 뒤에서 세세한 부분들까지 신경 쓰며 꼼꼼하게 챙기는 스타일이다. 새로운 일을 계획함에 있어서 너무 꼼꼼하게 신경 쓰다 보면 일 추진이 지연되기도 한다. 지능지수가 가장 높고 창의적인 유형이다. 식성이 까다로워 잘하는 맛 집, 소문난 음식점을 찾아 다니거나 스스로 요리를 맛깔스럽게 해서 먹는 미식가이다. 하지만 가계부를 꼼꼼히 작성하여 필요이상의 과다한 지출을 하지는 않는다.

우울질의 약점

자기중심적 사고가 강하여 이기적으로 보인다. 주변에 친구들이 소곤대는 모습을 보면 자신의 흉을 보고 있을 거라고 상상하며 부정적인 감정으로 의심하고 단정한다. 자기불신이 강하며 비판적이고 부정적인 성향이 강하다. 타인의 성장을 부러워하며 심한 질투심을 느끼기도 하고 자신에게 잘못을 저지른 타인에 대한 복수심을 가슴에 품는다. 다혈질이나 담즙질처럼 겉으로 드러내어 문제를 해결하지 못하고 마음속에 숨겨둔 채 증오심과 적의를 키우게 된다. 완벽주의 성향이 강하여 완벽에 도달하지 못했을 때에는 비판적인 사람이 되고 어려운 문제에 직면하게 되면 극복하기보다는 실패에 대한 두려움 때문에 쉽게 포기해버린다. 예민한 성격으로 인해 쉽게 우울증에 빠져들기도 한다.

우울질의 쇼핑습관

우울질은 가격과 질을 신중하게 비교하고 잘 생각해서 결정한다. 우유
부단함보다는 신중함 때문에 쉽게 결정하지 못하고 머뭇거린다. 그러나
자신에게 꼭 필요하다고 생각되는 물건을 구입하기 때문에 대체로 구입
한 상품에 후회가 없는 편이다. 점원들이 가장 상품을 판매하기에 어려운
고객이기도 하다.

우울질의 인물탐구
칸트, 성경 속 인물 모세

우울질의 진로 및 직업적성
예술가적 기질인 이들에게는 연예인, 화가, 음악가가 많고 꼼꼼하고 신
중하며 한 가지 일에 깊이 집중하며 완벽주의적인 성향으로 연구개발직,
교수가 적합하고 회계. 경리업무, 전산직에 적합하며 미각에 뛰어난 이들
은 식품공학이나 영양사 및 조리사에도 적합하다.

나의 기질적 특성 이해하기

(   ) 기질

장점 :

1)

2)

3)

약점 :

1)

2)

3)

보완점 :

1)

2)

3)

보완하기 위한 행동실천전략 :

1)

2)

3)

기질특성에 맞는 직업 및 진로 찾기 :

1)

2)

3)

4)

5)

3. 사상체질로 보는 자기이해

3. 사상체질로 보는 자기이해

사상체질의 이론적 배경

동무이제마선생은 불과 한 세기 전 인물로서 1960년대 이후 주목을 받기 시작하였으며 1837년 3월 함경도 함흥 태생이다. 충원공의 아들 이반오가 진사에 합격하여 들뜬 기분에 친구들과 어울려 술을 마신 후 취중에 주막집에 머무르게 되었는데 주막집 딸과 잠자리를 같이 하게 되어 출생하게 되었다고 한다. 이반오의 부친인 충원공이 어느 날 꿈을 꾸었는데 지나가던 길손이 건장한 말 한 마리를 몰고 집으로 들어오더니 제주에서 가져온 용마인데 드리고 갈 터이니 잘 키워달라는 부탁을 하고는 사라졌다고 한다. 이 일이 있은 며칠 후 중년의 여인이 어린아이를 데리고 이충원의 집으로 와서는' 이 집 자식이니 들여보내 달라고 간청하게 되었고, 모자를 받아들여 키우게 되었다는 설이 있는데 제주에서 가져온 용마를 꾼 꿈 때문에 이제마라는 이름이 붙여졌다고 전해지고 있다.

'100년이 지나면 내 이론을 이해할 사람이 있을 것' 이다 라고 했던 이제마선생은 철학자이며 사상가로서 우주와 세계와 인간에 대한 성찰을 철학적으로 정리하여 사상의학이라는 독창적인 이론을 체계화하였다.

이제마의 의학정신과 임상경험들을 정리하여 백성들에게 의학을 알리기 위해 펴내게 된 것이 '동의수세보원' (1894) 이다. 동의는 우리나라를 의미하며 수세보원은 평생을 오래 살며 원기를 보전하자는 뜻이다. 이제마선생은 사람을 네 가지 체질로 분류하였는데 출생하면서 어머니 의 태중에서부터 결정되어 나오게 되며 타고난 오장육부의 크기에 따라서 체형과 성격이 다르고 좋아하고 싫어하는 음식도 다르다고 하였다. 체질을 알면 음식물섭취와 행동을 조절하여 질병을 예방하고 건강을 유지할 수 있게 된다고 하였다. 이때 특히 체질별 생활습관이나 환경을 이해하는 것이 중요하다고 하였다.

사상체질은 네 가지 체질을 설정하고 각각의 체질에 대한 병리, 진단 및 치료에 이르기까지 이용되고 있는 우수한 이론이라고 할 수 있는데 이제마 선생의 사상체질은 체질의 선천성을 인정하고 마음의 중요성을 인정하며, 질병과 치료에서 개체 간에 차이가 중요함을 인정했고 장기구조의 크고 작음에 따라 각 사람의 기질이나 성격뿐 만 아니라 체형과 병에 대한 발병요인과 치료방법까지 제시해주고 있다. 동무이제마선생은 사상체질은 평생 변하지 않는 유전적요소로 보았으며 혼성체질인 경우 음양간 혼성체질과 같은 음인 간 혼성체질과 같은 양인간 혼성체질로 분류할 수 있는데 가장 발달된 1차 체질과 2차 발달 체질을 혼합하여 12가지 체질로 보았다. 이것은 MBTI의 16가지 성격유형에서 가장 발달된 1차 기능과 2차 기능 그리고 3차 기능과 4번째 열등기능으로 분류하는 방법과 유사하다고 할 수 있겠다.

일체유심조
物宅身他, 身宅心他, 心宅事他.라 하여
사물은 내 몸에 깃들고
몸은 내 마음에 깃들고
마음은 세상일에 깃든다. [물 심 신 사]

사상체질로 보는 자기분석

　사람들의 각기 다른 성격유형을 이해하기 위해서는 여러 가지 도구를 활용할 수 있는데 그 중에서도 독창적인 우리민족의 사상의학자 동무 이제마 선생에 의해 정립되어 전해지고 있는 '사상체질은 사람의 얼굴생김새와 체형만 보고서도 그 사람의 외모와 내면적인 심성이나, 가지고 있는 재능 뿐 만 아니라 사회생활에 필요한 처세까지도 알아볼 수 있다. 심성의 차이는 적성, 대인관계, 일을 처리하는 방식 등 여러 가지 사회적 활동에 차이를 가져온다고 하였으며(Song.1996), Rho(1971)은 체질적 특성에 따라 생리, 병리상태 등은 물론이고 약에 대한 반응과 심리상태, 성격, 언행, 음식의 기호와 적성에 이르기까지 특수한 개인차를 갖게 된다(박지원,2003)고 하였다.

　동무 이제마선생은 동서고금에 이르러 누구도 전개 한 적이 없는 선악 양선설을 표방한다. 동무의 사상인론은 체질숙명론이 아니다. 사상인의 지행(知行)능력의 선천성 외에 지행능력의 구현을 결정하는 후천적인 도덕적 품격함양을 포괄하는 것으로서 사상인을 '성인' 으로 만들기도 하고 '범인' 혹은 '천인(鄙人, 搏人, 貪人, 儒人)' 으로 만들기도 하는데 이는 마음의 형상에 따라 다르다 하였다(황태연,2003).

　그러므로 체질의 도덕적 장점을 살리고 단점을 도덕적 수신으로 갈고 닦는 수신론(修身論)으로서 수신입명(修身立命)하여 각자 자기 몸을 수양하고 갈고 닦아 각자의 천직에 바로서는 것을 말한다. 그러나 사상인마다 동일하게 적용되는 것이 아니라 제각기 수신의 방향이 다르므로 자기 마음을 꾸짖고 성찰하여 비박탐나(鄙搏貪儒)로 부터 마음을 보존하고 맑게 하여 정명의 도 (正命之道)를 이루어 인성(人聖)에 이르게 하고 인의예

지를 넓히고 채움으로써 완성된 인격자가 되도록 수신을 다 해야 한다.

사상의학은 성정현상중심의 체질의학이며 심신균형적 치료의학(송일병,1991,1996)이라고 하였다. 사상의학의 원리는 사심신물(事心身物)의 원리, 천인성명(天人性命)의 원리, 장부편차(臟腑偏差)의 원리, 중용(中庸)의 원리로 구분해 볼 수 있다. 사심신물(事心身物)의 원리는 인간사회 우주의 모든 현상을 네 가지로 구분하는 정신에서 출발하였는데 인간과 사회를 구분하는 근본으로 사(事)는 인간사회에서 발생하는 사건을 말하며 태양인에 해당되고, 심(心)은 성정(性情)과 심욕(心慾)이 나오는 바탕을 말하고 소양인에 해당되며, 신(身)은 인체를 말하고 태음인이라 할 수 있고, 물(物)은 자신을 제외한 나머지 모든 객체를 말하며 소음인이라 할 수 있는데 태양인과 태음인은 서로 대극이 되고 소양인과 소음인은 서로 대극이 된다.

태양인은 폐대간소(肺大肝小), 소양인은 비대신소(脾大腎小), 태음인은 간대폐소(肝大肺小), 소음인은 신대비소(腎大脾小)로 설명할 수 있다 (송일병,1996) 이 네 가지 유형이 인간에게 적용되어 비박탐나(鄙搏貪懦)인으로 구분되는데 예를 버리고 방종하는 자는 비인(鄙人)이라 하고 의를 버리고 구차히 달아나 숨는 자는 나인(懦人)이라 하고 지를 버리고 허풍치며 자기를 꾸미는 자는 박인(搏人)이라 하고 인을 버리고 욕심을 극하게 부리는 자는 탐인(貪人)이라 하였다.(이제마, 동의수세보원)

비박탐나를 태소음양인과 연관시키면 예(禮)가 부족하여 권세를 바라고 방종하며 사람들을 혹세무민하는 비인은 태양인이며 타고난 천품이 다른 사람을 측은히 여기는 측은지심이 충만한 인자(仁者)이다.

의(義)가 가장 부족하여 항상 지위를 바라고 사람들을 부려먹으며 구차히 숨는 나인은 태음인이나 공경지심이 충만하여 예의범절에 합당한 예인(禮人)이다.

지(智)가 부족하여 항상 명예를 바라며 다른 사람 위에 있고자 하며 잘난 체 자기를 꾸미는 박인은 소양인이나 불의를 부끄러워하고 다른 사람의 악행을 미워하는 수오지심이 충만한 의인(義人)이다.

인(仁)이 부족하여 항상 재물을 바라며 다른 사람한테서 빼앗고자 극한 욕심을 부리는 탐인은 소음인이나 시시비비를 가릴 줄 아는 시비지심이 충만한 지자(智者)라 하였다.

사상체질을 통하여 자기분석을 객관화하여보고 자신과 타인을 이해하고 대인관계 및 커뮤니케이션 스킬 뿐 만 아니라 진로 및 직업탐색과 자기이미지성찰에 적용해 볼 수 있기를 바라는 마음으로 네 가지 체질에 대하여 조금 더 구체적으로 정리해보고자 한다.

12가지 체질 조합표

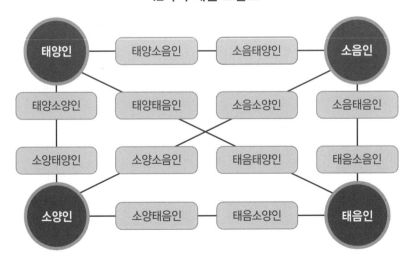

사상체질 진단지

자신에게 가장 많이 해당되는 란에 체크하고 번호의 합계를 맨 아래에 기입하여 자신의 체질을 진단하여 본다.

1) 나는 어디에 가까운가?
가. 용두사미격으로 처음에만 일을 벌리고 끝이 별로이다
나. 폭발적으로 앞으로 강하게 밀어부친다.
다. 보통 속도지만 사색도 좋아한다.
라. 느린 속도로 행동하며 계속 유지한다.

2) 나는 언제 몸이 가장 좋은가?
가. 대변이 잘 나올 때
나. 소변이 잘 나올 때
다. 음식 소화가 잘 될 때
라. 땀이 잘 나올 때

3) 내가 가장 많이 느끼는 것은?
가. 시작이 크고 끝을 완성 못해 타인에게 미안하다.
나. 일단 저질러 놓고 뒤는 나중에 생각한다.
다. 완벽주의,강박관념에 시달리니 불안하다.
라. 언제나 나는 오직 마음뿐이다.

4) 나의 성격은

가. 시비를 가리는 편이며 인자하다

나. 처음 본 사람과도 너무 쉽게 어울린다.

다. 빈틈이 없고 매사에 정밀하다.

라. 모든 것을 수용하고 잘 받아들인다.

5) 나의 체격은

가. 가슴둘레가 넓으며 히프는 보통이다.

나. 목 근육이 발달했으며 허리는 약하다.

다. 비교적 엉덩이가 발달했으며 가슴은 약하다.

라. 허리가 튼튼한 편이며 목 근육은 약하다.

6) 나의 일처리 방식은

가. 솔직담백하고 인자하고 창의적이다.

나. 매사에 걸림이 없고 통쾌하게 처리한다.

다. 정교하며 빈틈없이 일 처리한다.

라. 마무리를 잘하고 인내심이 강하다.

7) 나의 행동은 대체로

가. 늘 미래에 대한 희망으로 밀어 붙인다.

나. 저돌적이며 공격성향이 강하다.

다. 잘못되었을 때를 생가하며 방어적이다.

라. 안정을 유지하기를 좋아하며 최후에 변화한다.

8) 내가 느끼는 것 중 가장 가까운 것은?

가. 자랑하기를 좋아하며 튀기를 좋아한다.

나. 속도가 빠르며 경솔한 면이 있다.

다. 편안한 곳을 좋아하며 온순하다.

라. 전통적인 성향이 강하며 일단 받아 들인다.

9) 나의 체격은

가. 민첩하고 가슴주위가 발달한 편이다.

나. 어깨가 딱 벌어지고 발달했다.

다. 용모단정하며 체구는 적은 편이다.

라. 유연하고 체구가 큰 편이다.

10) 나는 언제 급한가?

가. 일을 시작 할 때

나. 매사에

다. 음식 먹을 때

라. 가족이나 주위의 일로

11) 나는 누구인가?

가. 재미있게 인생을 꾸미고 즐기는 사람이다.

나. 무엇을 남기려고 하며 홀로 우뚝 서고 싶다.

다. 가슴에 걸린 무언가를 풀기 위해서 존재한다.

라. 이 세상에 사랑을 전파하기 위해서 온 사람이다.

12) 노래방에 가면 어떤가?

가. 먼저 노래 하며 빠른 것을 선호한다.

나. 웅장한 노래를 선호하며 멋있게 부르고 싶다.

다. 때론 분위기가 있는 노래를 찾는다.

라. 남들이 부르지 않는 노래를 찾는다.

13) 왜 살아가는가?

가. 목적 달성을 하기 위해서다.

나. 나만의 세상을 만들기 위해서다.

다. 나도 무엇인가를 할 수 있다는 것을 보여주기 위해서다.

라. 다만 존재하는데 의미를 두고 싶다.

14) 나는 어떤 사람?

가. 스피드 한 사람이다.

나. 때론 시한 폭탄이다.

다. 때론 결벽증에 시달린다.

라. 잘 모르겠다.

15) 내가 좋아하는 음식은?

가. 야채, 과일류

나. 조개, 굴, 해물

다. 닭고기, 꿀, 죽

라. 땅콩, 쇠고기

16) 나의 생활 태도는?

가. 일은 많이 벌리지만 마무리가 부족하다.

나. 뒤로 물러서는 것은 싫고 때론 독선적이다.

다. 추진력이 모자라고 너무 완벽함을 추구한다.

라. 겉으로 드러내지는 않지만 재물욕도 많다.

17) 내가 느끼는 단점?

가. 지는 것은 죽어도 싫고 울분을 못 참는다.

나. 때론 독선적이어서 주위와 화합하지 못한다.

다. 남에게 피해 주기도 싫고 도움 받기도 싫다.

라. 한번 화나면 고집불통으로 속을 절대 드러내지 않는다.

18) 내가 느끼는 장점?

가. 판단이 스피드하고 재치가 있다.

나. 진취적이고 강한 면을 보인다.

다. 총명하며 윗사람에 대한 예의가 바르다.

라. 집념과 끈기가 대단히 강한 편이다.

19) 나는?

가. 화끈한 편이나 말이 먼저 앞선다.

나. 때로 약간은 교만하며, 카리스마가 있는 것 같다.

다. 지난 일에 집착하며 연민이 많다.

라. 냉정하여 남들이 재미없다고 한다.

나를 이기는 힘
태를 아는 지혜

20) 나는?

가. 몸에 열이 많다(몸이 뜨거운 것 같다)

나. 몸이 건조한 것 같다.

다. 몸이 냉하다(몸이 찬 것 같다)

라. 몸에 땀이 많은 것 같다.

가. 소양인 (   ) 나. 태양인(   ) 다. 소음인(   ) 라. 태음인(   )

참조 : 사상체질, 류종형

사상체질별 성격특성

* 소양인 - 활달하고 명랑한 분위기메이커 - 코알라
* 태양인 - 도전적인 불도저 - 사자
* 태음인 - 은근과 끈기의 대명사 - 곰
* 소음인 - 꼼꼼 신중한 전략가 - 여우

소양인

성격특성

　밖으로 나다니는 일을 좋아하고 자신의 일이나 가정을 소홀히 여기는 경향이 있으며 너무 솔직하여 마음속에 있는 생각을 다 털어놓아 손해를 보기도 한다. 자신의 손해보다는 타인의 손해에 민감하고 의분이 생겨 앞장섬으로 손해를 보는 유형이다. 봉사정신이 강하고 타인을 위해 기꺼이 희생하고자 한다. 가장 욕심도 없고 실속도 없으며, 일에 대하여 민첩하며 판단력이 빠르고 순간적인 임기응변에 능하다. '속이는 일'에 분노하며 사회적인 차별이나 불평등에 대한 의협심이 강하고 정의감이 강하며 가장 용기 있는 체질이다. 서두르는 성격으로 인하여 마감시한을 넘기는 일이 거의 없으며 태양인에 비해 웃어른이나 상관에 대하여 예의를 차릴 줄 알며 충성심도 조금은 갖추고 있다. 개인적으로 당신은 전적으로 의사소통면에서 솔직하고 정당하며 거리낌이 없다. 당신은 당신을 그리는 다른 사람들에게 아이처럼 사랑 받는다. 당신은 거짓말을 못한다. 당신은 매우 거침없고 당신의 마음속에 있는 어떤 것이든 말할 것이다. 심지어 그것이 자신에게 해가 될지라도 말이다. 당신은 상위 운영진에게 비판적이기 때문에 개인적인 공로자(individual contributor)가 될 것이다. 당신은 당신의 고유한 "특별프로젝트"를 추구하기 위해 비영업부서와 자유를 좋아한다. 당신은 또한 많은 사람들 앞에서 연설하는 것을 좋아한다.

자신의 실수나 실패를 허용하지 않으며 현재에 만족하지 못함으로 인하여 늘 미래지향적이며 도전정신과 모험심이 강하나 처음 시작한 용기만큼 뒷심이 부족하여 시작한 일을 마무리 하지 못하고 끈기가 부족하여 용두사미가 되며 쉽게 포기하고 잘못된 일에 있어서 자기변명으로 합리화한다. 지나칠 때에는 경솔하고 일관성이 없어 보인다. 겉으로는 강한 모습이지만 속은 여리고 인정이 많은 외강내유형으로 다정다감한 면도 있으며 다른 사람으로부터 칭찬을 들으면 가장 빠른 효과가 드러나는 유형이다.

눈이 발달하여 색채감각이 뛰어나며 멋을 알고 기발한 아이디어나 창의력이 뛰어나다. 방향감각과 지리감각이 어두워 길치, 길맹이기도 하다. 가장 기가 센 체질로서 기가 막히는 일이 없다. 귀가 얇아 남에게 잘 속을 우려가 있으며 진실 되지 못한 사람에 대하여 가장 혐오한다. 비장이 발달하였으며 비위는 흙을 뜻하므로 외부활동을 중시하여 바깥사무에 능하다. 그러나 가정을 경시하여 불화가 생길 수 있으니 유념해야 할 일이다.

당신 개인의 스타일은 괴상하다. 당신은 종종 매치되지 않는 옷을 입는다. 당신은 큰 무늬나 앞면에 정치적 시사가 있는 티셔츠를 좋아한다. 그러나 새로움에 도전적인 당신은 높은 패션감각을 가지고 있으며 유행을 선도하고 대담한 연출을 시도한다.

당신은 진정한 변화의 선두주자이며 반복되는 일상을 지루해한다. 당신은 본래 우뇌 사고가이기 때문에, "큰 그림"을 보고, "어떻게"보다는 "왜"에 더 흥미를 느낀다. 당신은 세심하지 않다. 당신은 개념적이고 창조적이며 직관적이다. 당신은 유지보다는 변화를 추구한다. 당신은 반복적이고 일상적인 일에 지루함을 느낀다.

당신은 상세 지향적이지 않다. 당신은 구상적이고, 창조적이며, 직관력이 있다. 당신은 팀 내에서 아이디어가 풍부한 사람이다. 복잡한 문제를 해결하는데 브레인스토밍(영감떠올리기)하기를 좋아하며 또한 이 분야에 능통하다. 당신은 재치 있고 재빠른 사고가이다. 사실, 당신에게 "당신의 두뇌 활동을 멈춰라"라고 하는 것은 매우 어려운 일이다. 당신은 보통 일 문제로 고뇌할 때에는 밤을 새며 깨어 있는다.

팀에서 당신의 역할은 두 가지다. 당신은 다른 사람들이 참여하도록 격려해주는 사람이고, 브레인스토밍(영감떠올리기)을 사랑하며 아이디어가 풍부한 사람이다. 만약 팀이 당신을 포함하는 행운을 갖는다면 그들은 경험도 쌓고 그들의 문제에 대한 창조적인 해결 방안도 개발할 것이다. 당신은 모든 직장에 행복을 가져다 준다. 당신은 사람들이 좋아하고 긍정적이며 흥미와 재미를 위해 거의 아이 같은 요구를 하곤 한다.

당신의 결점을 보완하는 장점은 재치 빠른 유머감각이다. 그러나 만약 화가 나 있을 때의 당신은 극단적으로 냉소적이 될 수 있다. 비록 당신은 도전 받을 때 뛰어나게 수행하지만 또한 매우 긴장되고 마음이 산만해지며 의지할 수 없을 수도 있다. 당신은 문서 업무와 모든 형태의 규칙들과 경영진의 "통제"에서 기인되는 당신이 고려해야 할 규칙들을 좋아하지

나눔의 기술
함는
배움을 아는 자세

않는다. 하지만 당신은 모든 것이 어디에 있는지 알기 때문에 그것은 당신을 괴롭히지 않는다. 당신은 종종 회의에 늦으며 동료들은 당신에게 신뢰를 얻지 못하고 당신은 종종 직장에서 고립됨을 느낀다.

당신은 경영자보다는 지도자이다. 당신은 어질러 놓는 것을 좋아하고, 다른 누군가는 그것을 치운다. 당신은 명석한 동료들과 약간의 경영상의 책임감을 가지고 학원을 운영하면 성공할 것이다. 당신은 일에서 자기훈련과 법을 어기지 않는 것을 확실히 해줄 창조적인 회계 담당자가 필요하다.

당신은 낮이고 밤이고 당신이 지칠 때까지 전속력으로 일을 한다. 당신은 드러누운 장소 주위에 미완성의 프로젝트 들이 흩어져 있을 것이다. 혼잡한 어딘가에는 당신을 백만장자로 만들어줄 수 있는 반짝이는 혁신이 있지만, 당신은 충분히 그것을 찾을 만큼 유기적이지 못하다. 당신은 팀플레이어가 아니다. 당신은 "스타"이다. 당신은 항상 당신의 "동등함"을 찾는 것에 어려움을 느낄 것이다. 당신의 시각에서, 동료들은 결코 약간의 재능도 없을 것이다. 당신의 직업의 초기 단계에서 당신은 크게 실망할 것이다. 결정이 너무 오래 걸린다, 상관은 자격 미달이다, 당신 스스로의 일 처리는 느리게 되는 것 같아 보인다. 당신은 발끈 화를 낼 수도 있다. 당신은 인내와 끈기를 기를 것을 필요로 한다. 성공하는 당신을 만들기 위해 유기적이 될 개인적인 목표를 정해라. 당신은 모두를 미치게 한다. 당신은 사무실을 청소하고, 적어도 한 개의 마감시한은 지키고, 오늘 성취한 것을 축하하기 위해서 일이 끝난 뒤 파티를 열어 모두를 초대해라.

소양인의 보완점

유머훈련 요함

시작한 일 마무리 하기

끈기와 인내심 기르기

대인관계에서 깊게 사귀기

내면에 집중하기

소양인의 리더십

의협심이 강하고 정의파 소양인은 회사 운영에 관한 개선 사항에 대해 거침없이 제안하는 투사역할을 마다하지 않는다. 하지만 그로 인해 개인적으로는 많은 손해를 자초하게 되니 자신의 주장이나 의견이 아무리 옳다고 생각하더라도 인내심을 가지고 자기 절제를 하며 입을 꾹 다물어라! 기회가 되었을 때 그 때 입을 열어도 늦지 않다. 수직, 수평관계의 사람들과 격 없이 편하게 지내다 보면 기강이 무너질 수도 있다. 지나치게 성급한 의사결정으로 인해 후회하는 일이 없도록 신중하게 사고하는 훈련이 필요하다. 그러나 어려운 일 앞에서 더욱 도전적이고 진취적으로 문제해결에 능하다. 정이 많고 감정적인 소양인 상사 주변에는 늘 사람들이 많이 모여들지만, 정작 어려운 일을 당했을 때 함께 해줄 수 있는 사람은 적을 수 있다. 그러므로 평소에 깊이 있는 인간관계를 갖도록 노력하라. 소양인 부하직원에게는 인정하고 격려해주며 칭찬해 줄 때 가장 좋은 동기부여가 될 수 있다.

나를이기는 길은 하늘을 아는 지혜

소양인의 커리어포인트

개인적인 일보다는 공적인 일이나 외부의 사무에 능하며 영업이나 마케팅, 전략, 기획, 작전에 능하고 인사능력이 탁월하다. 성격이 급하고 동적인 체질이므로 혼자 앉아서 하는 업무보다는 활동적이고 사람들과 접촉하는 직무에 적합하다. 현명하고 지혜로운 사람에 대해 높이 평가한다. 글씨를 잘 쓰고 문서관리능력이 탁월하고 손재주가 있다.

공적인 상황에서 의견개진에 능하며 토론에 능하나 지구력과 인내심이 가장 부족하여 남의 말을 끝까지 경청하는 일이 어렵다. 협상에 있어서는 초반에 확실한 기선제압을 해야 한다. 현실에 안주하지 못하고 변화가 없는 반복되는 일상에 대한 권태나 지루함 때문에 직업이나 직장을 자주 옮겨 다닐 수 있으므로 전직이나 이직을 할 경우 정확한 목적과 목표를 세우고 난 후에 움직이도록 해야 한다.

희생정신이 강하여 남들이 싫어하는 업무도 손해를 감수하면서까지 기꺼이 앞장서서 하지만 성과는 다른 사람에게 돌아갈 수도 있다. 자신이 솔직하다 보니 남의 말을 잘 믿고 사업을 추진하다 실패를 볼 수 있으므로 신중한 판단이 필요하다. 새로운 일을 시작하려는 마음을 가지면 조급함으로 인하여 섣부른 판단으로 실패를 경험할 수 있기 때문에 사업을 시작하려면 자신이 생각하는 것보다 적어도 두 배 이상 철저한 사업계획서를 작성하고 세심하게 따져 본 후에 시작하는 것이 중요하다.

소양인의 상관은 마음씨가 좋고 부지런한 사람보다는 현명하고 지혜로운 사람을 높이 평가하므로 소양인의 상관을 만났다면 지혜로운 자로 보일 수 있도록 노력하라.

소양인의 진로 및 직업적성

전략, 작전, 기획, 영업, 취재, 섭외, 변호사, 파견 및 현장근무, 문리 어학계 강사, 기업교육강사, 대학강사 및 교수, 이공학계열교수, 보험대리인 및 중개인, 보험 모집인, 사회단체활동가, 패션디자이너, 인테리어디자이너, 시각디자이너, 기자 아나운서 및 리포터, 연예인 매니져, 행사기획자, 여행안내원, 레크레이션지도자 및 스포츠강사, 부동산중개업, 무역업, 건축공학기술자, 섬유공학기술자, 의복제품검사원, 응용소프트웨어 개발자, 패스트푸드점, 퀵서비스업, 쇼핑호스트, 파티플래너, 사진작가, 촬영기사

소양인의 자녀양육과 학습방법

소양인 자녀에게 ……

소양인은 총명하고 순발력이 뛰어난 대신 집중 시간이 짧다. 임기응변이 강해서 벼락치기 공부를 한다. 짧은 시간에 집중력을 높이도록 짧게, 꾸준히, 조금씩 공부하는 습관을 붙여 주어야 한다. 집 안에서 공부하기보다는 친구들과 어울려 집 밖에서 공부하고자 하며 간섭 받기를 싫어한다. 다른 사람으로부터 인정받고자 하는 욕구가 강하기 때문에 작은 일에도 구체적으로 칭찬을 자주 해 주고, 스킨십을 자주 해 주는 것을 좋아하므로 등을 두들겨 주거나 안아주며 칭찬을 해 주면 더욱 열심히 하게 된다. 타인을 지나치게 의식하지 않도록 해주며 정리정돈이 잘 안 되는 경향이 있으므로 평소에 정리정돈 하는 습관을 들일 수 있도록 훈련을 시킨다. 즉흥적인 성향의 소양인 자녀들이 충동구매를 하지 않고 자신에게 꼭 필요한 물건을 구입할 수 있도록 경제훈련이 필요하다. 용돈을 정해놓고

그 범주 안에서 쓸 수 있도록 지도해야 한다. 소양인 자녀들에게는 지나치게 강압적인 어조로 말하기 보다는 부드럽고 낮은 음성으로 아이의 감정을 배려하며 타이르는 것이 효과적이다.

소양인 부모라면 ······

이야기하는 것을 즐기며 이해심이 많은 소양인 부모는 자녀가 원하는 일이라면 다 들어주려고 하는 태도에서 벗어나야 한다. 안 되는 일은 끝까지 허용하지 말고 자녀에게 포기하는 법을 알게 하라. 그렇지 않으면 '우리 엄마는 내가 끝까지 떼 쓰고 요구하면 결국 들어주는 엄마' 의 모습으로 비춰지기 쉽다. 자녀의 잘못된 행동에 대해 강하게 꾸짖고 개선할 수 있도록 노력하라. 급한 성격의 소양인 부모에게 비춰진 태음인 자녀는 외향적이며 쉽고 빠르게 일처리하는 소양인 부모가 볼 때 지나치게 꼼꼼하고 너무 완벽하게 일처리 하려고 하는 성향이 있다. 부모는 이에 대해 인내심을 가질 필요가 있으며 꼼꼼한 일처리에 칭찬과 격려를 해주되 자신의 지나친 기대를 줄이고 여유를 갖도록 차분히 지도하는 것이 중요하다.

소양인의 건강

시각이 발달한 반면에 청력이 가장 약하고, 비장이 커서 비위가 좋고 겨울에도 찬 음식을 즐기고 냉수를 마셔도 탈이 없으며 싱싱하고 찬 음식이나 소채류, 해물류가 좋다. 하지만 위장에 산이 많아 위산과다를 일으키기도 하며 슬픔이 극에 달하면 위장 기능이 약해져 음식물 섭취가 어렵고 대장의 소화력이 약하여 아랫배가 아프고 배탈이 자주 난다. 신장과 관련된 질병이 많으며 신장기능이 약해지면 허리통증이 동반된다. 상체에 열이 많아 찬 음식을 좋아하며 뜨거운 음식이나 더운 곳을 싫어한다. 사우나, 찜질방을 가장 싫어한다. 대변이 잘 통하면 가장 건강한 상태이나 비뇨기 계통에 질병이 생기면 이뇨가 잘 안되어 부종 현상이 나타나게 되며, 변비 증상이 생기면 열이 상부로 치솟아 올라 얼굴이 붉어지고 가슴이 답답하며 밤에 잠을 못 이룬다. 생식력과 정력이 가장 약한 체질로서 외도에 흥미가 없고 복잡한 삼각관계를 싫어한다. 신장질환이 많고 뼈가 가늘고 골격이 빈약하며 다리와 발이 허약하기 때문에 걷기를 힘들어하며 가까운 거리도 자동차로 이동하려고 한다.

소양인 체형에 맞춘 이미지 컨설팅

합리적이고 서구적이며 자립심이 왕성한 매니쉬(Mannish)한 이미지와 밝고 건강한 이미지를 추구하며, 활동적이고 경쾌한 액티브(Active)한 이미지와 서민적 정취와 야성미, 그리고 자연의 아름다움을 추구하는 컨트리(Country)한 이미지를 보인다. 외적으로 보여지는 소양인의 이미지는 날카롭고 강인하며 행동이 민첩하다. 성격이 활발하고 명랑하며 시원시원하다. 화려하고 대담한 의상도 잘 소화해내는 개성파들이다. 등을 뒤로 젖히고 몸을 흔들며 자신감 넘치게 걷는 걸음걸이는 타인에게 자칫 거만하게 보일 수 있다. 팔이나 가슴, 어깨, 목이 튼튼하고 가슴이 발달되어 있으나 발, 다리, 엉덩이 등 하체가 빈약하고 턱과 입술이 얇다. 상체가 발달되어 있는 소양인 중에는 키가 작고 조용하며 체구가 작아 소음인으로 착각하는 경우도 있다. 차분하고 진정 효과를 지닌 색으로 냉정하게 판단하는 성향이 필요하므로 겨울이미지의 색이 효과적이다.

소양인의 개발포인트

  지나치게 솔직한 소양인은 공과 사를 구별하여 사적인 감정을 드러내지 않도록 노력하며 사회적 가면으로 자신을 방어할 필요가 있다. 임기응변에 능하여 자신의 실수나 잘못을 인정하지 않고 합리화한다. 잘못을 인정하고 겸손함을 갖추기 위해 노력하라. 언변능력이 뛰어나서 남의 말을 듣기보다는 자신의 말을 많이 하는 경향이 있으므로 다른 사람의 말을 끝까지 경청하는 훈련이 필요하다. 모험심과 도전정신이 강하여 시작은 창대하나 끝마무리가 미약하므로 시작한 일은 끝까지 마무리 하는 습관이 필요하다. 마음을 안정시키기 위한 공간을 마련하고 내적 성찰을 할 수 있는 시간을 갖도록 하며, 노여워하는 감정을 잘 다스리기 위하여 명상이나 하체단련훈련을 할 수 있는 산책을 하는 것이 좋다.

소양인의 스트레스 관리

  항상 들추려고만 하고 간직하려 하지 않는다. 진취적이고 적극적인 성격으로 스트레스를 잘 털어버린다. 상대방의 잘못을 오래 간직하지 않고 쉽게 잊어버림으로 자신이나 타인에게 스트레스가 적은 편이다. 다혈질적인 감정을 잘 다스려야 한다. 특히 분노심을 경계해야 한다. 자칫 순간적인 감정 폭발로 예기치 않은 손해를 볼 수 있으므로 감정 관리를 잘 해야 한다.

소양인의 성격궁합

  소양인은 자신의 거처를 마련하는 일에 주의가 부족하고 늘 미래에 살기 때문에 가장 현실적이고 거처를 중히 여기는 태음인과 잘 맞는다.

최상 : 소양인 남편과 태음인 아내 / 소양인 상사와 태음인 부하

중간 : 태음인 남편과 소양인 아내 / 태음인 상사와 소양인 부하

노력 요함 : 소양인 아내와 소음인 남편 / 소양인 부하와 소음인 상사

소양인의 결혼생활 플러스

배우자의 인정받고자 하는 욕구를 이해하고 정서적으로 지지해 주어라.
주도권을 위임하라!

소양인 인물탐색

나폴레옹, 히틀러, 베드로

소양인 : 한국인의 25%

태양인

태양인의 성격특성

태양인은 그리 흔하지 않은 체질로서 이제마 자신이 태양인이라고 불리웠다고 한다. 담백하고 대쪽 같은 성품으로서 결단성이 있고 의지가 강하며 목적의식이 뚜렷하고 끊임없이 전진하고자 하는 도전정신이 강하다. 또한 담력이 세고 통이 큰 체질이다. 늘 출세와 권력에 대한 관심이 많으나 가까운 측근에 대한 정서적 배려가 부족하여 주변에 사람이 많은 듯하지만 정작 중요한 의논의 대상이 없어 외롭다. 혈육이나 인륜의식이 부

족하여 하극상이나 이별의 우려가 있다.

태양인은 폐가 크고 간이 작은 체질로서 목소리가 우렁차고 크다. 음양론에 의하면 폐는 금(金)을 의미하므로 똑 부러지는 성격이기도 하다. 직선적이고 거만해 보이지만 강자와 약자를 두루 포용할 수 있는 강력한 카리스마를 가진 지도자유형이며 외강내강형이다.

과거와 현재 미래를 다 중요시하며 역사의식이 강하고 불평, 불만의 소리를 혐오한다. 직관적 분별력이 뛰어나고 두뇌가 명석하며 강한 정신력의 소유자이다. 사무에 능하며 내세의식이 강하여 종교적인 신비주의자이며 사치심이 없고 검소한 편이다.

태양인은 전통적인 관리직에는 어려움이 있고, 고위층으로 구성된 프로젝트 팀이 가장 잘 맞는다. 당신은 직장과 집에서 모두 계획지향적이다. 태양인은 지도자의 위치에 있기를 원하고, 타인의 통제하에 있는 일이 어렵다. 매우 정직하고 거리낌 없이 말하며 당신은 스스로에게 "이런식으로 말해!" 라고 하는 것을 자랑스러워 한다. 천성적인 기업가이다. 매우 높은 목표들을 달성하고 끊임없는 도전을 요구한다. 당신은 인생에서 여러 번 실패하는 듯 하지만, 계속해서 다시 시작하는 끈기가 있다.

태양인은 크게 성공할 잠재력이 있지만, 하룻밤 사이에 이기고 질 수도 있다. 당신은 믿을 수 없는 힘으로 열심히 나아가는 사람이다. 소수의 사람만이 당신과 계속해서 함께 일할 수 있다. 당신은 건강 문제를 조심해야 한다. 목표 달성에 초점이 맞추어져 있을 때 스스로의 한계를 뛰어 넘는 경향이 있다.

태양인의 보완점

과장하지 않도록 노력하라.

독선적인 일 처리를 자제하라.

인신공격을 피하라.

다른 사람의 감정을 배려하라.

태양인의 개발포인트

너무 긴장하지 말라. 다른 사람에게 시키는 듯한 인상을 주지 말라. 위압적인 분위기를 주지 말라. 남을 무시하거나 제멋대로 행동하는 경향이 있고 과장이 심하며 자존심이 강하고 독선적이므로 타인을 늘 배려하고자 노력해야 한다. 비판적이거나 인신공격을 하지 않도록 주의하며 급한 성격으로 인하여 쉽게 결정한 일을 변경하는 일이 없도록 신중한 의사결정을 하기 위해 노력해야 한다. 자존심과 우월감이 강하고 화를 잘 내며 상사에게도 반발하는 경향이 있고 동료애가 부족하며 사람을 골라 사귀는 등 우정이나 사랑의 관계 기술 능력이 부족하므로 늘 측근들에 대한 세심한 배려가 요구된다. 순간적인 감정과 쉽게 슬퍼하는 감정을 잘 다스려야 건강할 수 있다. 급한 성격으로 인하여 성질에 못 이겨 사표를 내 버리고 후회하는 일이 없도록 주의해야 하며, 실수를 줄이기 위해 물을 들이켜 마시기 전 잎새 하나를 띄어놓는 여유를 가져라.

태양인의 건강

폐가 크고 간이 작은 폐대간소형이며 여기에서 크고 작음이란 기능의 활발함과 약함을 말한다. 상체가 발달되어 있어서 목소리가 크고 우렁차다. 반면 하체가 약하여 오래 서 있거나 오래 걷는 것을 어려워한다. 가능하면 누울 자리를 찾아 드러눕는 것을 좋아한다. 태양인은 자주 화를 내게 되면 신체를 상하게 할 수 있다. 화를 내며 목소리를 많이 쓰면 폐의 기능이 약화되고 간의 기능이 저하되어 간염이나 황달 등에 걸리기 쉽다. 후각이 약하나 귀가 발달하여 미세한 소리나 큰 소리를 잘 듣는다. 새벽에 잠이 적어 부지런한 아침형 인간이 많다. 태양인의 얼굴빛이 검으면 건강에 이상이 있는 것이며, 소장의 소화력이 약하여 변비증세가 심한 경우가 있고 간기능이 저하될 수 있으며 소화불량 식도협착, 식도암, 위암, 안질 등에 잘 걸리므로 유의하여야 한다. 맵고 뜨거운 음식보다는 찬 음식이 잘 맞으며 지방질이 적고 담백한 음식이 적합하며 기운이 아래로 내려가는 해물이나 채소류 과일이 좋고 운동으로는 산책이나 등산이 좋다.

태양인 체형에 맞는 이미지컨설팅

색다른 개성과 지성미가 있으며 실험적인 모던(Modern)한 이미지와 자립심이 왕성하고 남성취향의 매니쉬(Mannish)함과 밝고 활동적이며 경쾌한 액티브 (Active)한 이미지를 보인다. 자신감 넘치며 자기 소신이 확실한 태양인의 이미지는 자칫 거만한 인상을 줄 수 있다. 얼굴이 갸름하고 단정하며 얼굴빛이 희고 맑은 호상(虎像)의 용모를 갖추고 있으며 살집이 없고 호리호리한 체형이다. 이마가 넓고 눈에 광채가 나며 겉과 속이 강한 통뼈체질이다. 피부가 튼튼하고 체모가 발달되어 있으며 상체에 비해 하체가 약하고 허리가 짧아 앉은키가 작다.

여성의 경우 상체가 발달되어 있기 때문에 상체에 볼륨감이 드러나는 컬러나 장식보다는 단순한 코디가 필요하며 오히려 하체에 볼륨감을 주도록 해야 한다. H형 스커트보다는 A형 스커트가 잘 어울린다. 남성의 경우도 마찬가지로 상체에 강렬한 포인트를 주지 않는 것이 좋다. 밝고 적극적인 태양인에게는 지나치게 원색과 밝은 색은 오히려 산만하게 할 수 있고 지나치게 강하거나 차가운 색상보다는 따뜻하면서 차분한 이지적인 가을이미지의 색이 효과적이다.

태양인의 커리어포인트

전문직업이나 흥미를 갖는 관심분야에 대하여 두뇌회전이 빠르고 창의력이 뛰어나므로 기발한 아이디어를 필요로 하는 발명사업가나 벤처사업가, 또는 모험과 도전적이고 미래지향적인 뉴비즈니스 사업분야에 적합하며 청각과 혀 등이 발달하여 음악과 관련된 직종에 적합하며, 특히 폐의 기능이 좋은 태양인은 목소리가 좋아서 성악가가 많고 입을 통하여 부는 악기를 잘 다룰 수 있다.

종교지도자, 혁명가, 개혁가가 될 수 있으며 폐활량이 크고 흉부가 발달하여 중거리 달리기를 잘할 수 있으며 팔과 폐를 많이 쓰는 검도나 수영을 잘할 수 있다. 상체가 발달한 이들은 오래 서 있거나 많이 걸어 다니는 직업은 어려울 수 있으나 입안에 침이 많고 언변이 좋아 설득력이 강하므로 말을 하는 직업과 귀가 발달하여 듣기 업무를 하는 텔레마케터에도 적합하다.

처음 만나는 사람과도 잘 사귀며 매사를 막힘 없이 시원시원하게 잘 처리해내는 추진력이 있으나 인간관계 중심보다는 업무능력 중심이므로 태양인의 상사에게는 철저한 업무능력으로 인정받을 수 있도록 접근해야 한다.

작업수행능력면에서 유능하고 작업 집중력도 강한 편이다. 그러므로 기획, 성과 위주의 작업이 적합하나, 협동심이 요구되는 작업은 맡기지 않는 편이 좋다. 인사에 있어서 도덕적 성품을 높이 평가하여 선한 사람을 귀히 여기고 발탁하며 간신배를 가장 혐오한다.

태양인의 진로 및 직업추천

경영지원관리자, 경영컨설턴트, 인사, 노사 경영지도 및 진단전문가, 노무사, 정부행정, 법률, 경찰 교도관련 관리자, 판·검사, 응급구급요원, 총무사무원, 보험계리인 및 손해사정인, 펀드매니져, 영업 및 판매관리자, 자동차영업원, 해외영업원, 상품중개인, 홍보판촉원, 생활지도원, 감독 및 연출자, 부동산중개인 및 컨설턴트, 기타제조관련직, 항공기조종사, 대형트럭 및 특수차 운전원, 생산관련단순노무자, 경비 및 경호원, 건물관리인, 주차관리원, 선장 및 항해사, 성악가, 성직자, 기업고위임원, 경호원

태양인의 리더십

부하직원을 성장시키기 위해 노력하라!

성과 중심적인 이들은 지나치게 일 중심적이다 보니 인간관계에 대해 소홀하기 쉽다. 자신을 둘러싼 주변 인간관계를 돌아보고 감성 리더십을 개발하라! 타인의 말에 귀 기울여 듣는 경청 리더십을 개발하라! 자신이 잘못했다고 생각하는 일에 있어서는 솔직하게 시인하고 사과하라! 그것은 도리어 당신의 자존심을 높여주는 결과가 될 것이다.

태양인의 스트레스 관리

순간적인 분노심을 경계하라.

성급한 판단을 보류하라.

태양인 자녀양육과 학습방법

태양인 자녀라면……

사물이나 상황을 논리가 아닌 이미지로 받아들일 만큼 직관이 발달해 있으며 호기심이 왕성하여 다양한 일에 관심이 많다. 늘 새로운 것에 대한 지적 호기심이 발달하여 다양한 학문에 관심이 많아 자칫 산만하게 보일 수 있으므로 관심분야를 세분화하여 깊이 있게 연구하고 학습하는 습관이 필요하다. 초저녁 잠이 많고 새벽에 일찍 일어나기 때문에 새벽 시간을 잘 활용하는 것이 효과적인 시간관리이다. 도전적이고 구체적인 목표를 자신이 스스로 결정하고 세우게 하여 그에 대한 책임감을 느끼게 하며 경쟁심을 유도하면 매우 높은 학습성과를 올릴 수 있으나 친구나 동료들과의 관계를 유지하는 일에 더욱 세심한 배려와 관심이 중요하다는 사실을 알고 주위 친구들과 좋은 관계를 형성하는 법을 배우게 할 필요가 있다.

태양인 부모라면……

확실한 태도를 견지하며 똑 부러지는 대쪽성품으로 지시적이고 권위적이며 명령적인 어조로 상대방에게 위압감을 줄 수 있는 태양인 부모라면 기대에 못 미치는 자녀에 대하여 포용과 아량, 용납하고 수용하는 너그러움이 필요하다. 특히, 자녀가 실수하거나 잘못을 저질렀을 때 자녀로

하여금 두려움을 갖지 않도록 여유 있는 자세를 취하며 자녀의 감정상태를 배려하는 모습을 보일 수 있어야 한다. 특히 두려움이 많은 태음인 자녀에게는 "네가 일부러 그런 것도 아닌데 괜찮아! 그래도 네가 다치지 않아서 다행이구나!" 이렇게 하면 자녀는 오히려 더 미안한 마음을 갖게 되고 다음부터 더 조심하도록 노력하게 될 것이다. 명령과 지시보다는 자녀의 의견을 충분히 경청한 후에 부모의 의견을 덧붙여서 "엄마 생각과 네 생각이 조금 다르구나 그러면 앞으로 어떻게 하면 좋을까?" 라고 하며 자녀에게 자유롭게 자신의 의견을 충분히 이야기할 수 있도록 노력해야 한다. 태양인 부모들이 저지를 수 있는 실수는 자녀에게 지시나 명령에 따르지 않으면 말대답을 하거나 대꾸하는 버릇없는 아이라고 생각하게 되고 분노를 드러내게 되는 점이다. 자녀들에 대하여 태양인 부모 자신이 부드럽고 따뜻하며 상냥한 이미지로 보여주기 위해 애정표현을 자주하고 자녀의 감정읽기 학습훈련을 배울 필요가 있다.

태양인 성격궁합

최상 : 태양인 남편과 소음인 아내 / 태양인 상사와 소음인 부하
중간 : 소음인 남편과 태양인 아내 / 태양인 상사와 소양인 부하
노력요함 : 태음인 남편과 태양인 아내 / 태음인 상사와 태양인 부하

태양인 인물사례

박정희전대통령, 히틀러, 궁예
태양인 한국인의 5%

태음인

태음인의 성격특성

　태음인은 항상 가만히 있으려 하고 움직이지 않으며 안으로 머무르기를 좋아하여 거처에는 능통하지만 외부의 일에는 소홀 하는 경향이 있어 사무에는 부족하다. 그러나 자신의 현실적인 일에 관심이 많아 안정적인 기반을 빠르게 마련하며 일대일의 대인관계에 집중하므로 주변에 적이 없다. 꾸준하고 책임감이 강하며 성실하고 끈기가 있어서 시작한 일은 끝까지 마무리 하는 장점을 가지고 있는 반면 행동이 느리고 굼떠서 게을러 보이며 새로운 도전을 싫어하여 반복적이거나 안정적인 일을 선호하는 경향이 있다.

　가장 욕심이 많고 재물을 쫓는 경향이 강하여 현실적이고 계산이 빨라 타산적이며 이기적으로 보이기 쉽다. 후각이 발달하여 맛있고 향기로운 냄새를 빠르게 구별하며 좋은 향기를 선호하여 좋은 향수를 선호하고 좋은 분위기를 선호한다. 인간적 갈등이나 싸움, 분쟁을 혐오하여 갈등조정자로 나서거나 갈등을 회피하는 경향이 있어 태음인이 속한 조직은 오랫동안 지속될 확률이 높으며 좋은 관계를 유지한다. 현실적이고 현재에 관심이 많아 이미 지나가버린 과거나 앞으로 다가올 미래에 대한 관심은 희박하다.

태음인의 개발포인트

　우유부단하고 자신의 의견을 개진하고 표현하는 일에 서투르기 때문에 자기주장훈련이 필요하며 도전적이고 모험적인 새로운 일을 시도하는 일에 대한 두려움을 없애야 한다. 늘 안주하려고 하는 현실주의자이기 때문에 미래를 향한 도전적인 모험이 부족하다. 자신뿐만 아니라 직장에서 상관의 위치에 있다면 부하직원들이 인간적이고 좋은 사람으로 보이지만 답답하고 무능한 상관으로 보일 수도 있다.

모든 사람을 좋게 보려고 하는 성격 때문에 다른 사람들의 장단점을 파악하지 못하여 인사에 무능하고 정확한 인물에 대하여 비판능력이 부족하므로 타인에 대한 공과를 제대로 평가하지 못할 수 있음을 조심해야 한다. 의지가 약하고 겁이 많아 모험심이 부족하고 현실에 안주하고자 하는 습관으로 인하여 도전정신과 목적의식이 부족하다. 행동이 느리므로 게으르고 나태하게 보일 수 있으니 이를 주의하여 부지런한 행동을 보여주도록 노력해야 한다. 자기 의견을 주장하며 자신의 감정을 표현하도록 노력하라.

태음인의 리더십

타인과의 마찰을 회피하는 태음인은 조직에 가장 잘 적응한다. 그러나 조직 내에서 너무 감정이나 인정에 이끌려 주관적인 의사결정을 하기 쉬우므로 이성적이고 객관적인 판단을 하도록 노력해야 한다. 일대일 대화에 능한 태음인은 부서원들과 친밀한 대화의 시간을 자주 가지게 되어 동료나 부서원들로부터 신임을 받으며 친밀감을 형성한다. 하지만 자신의 의견이나 감정에 대해 속마음을 쉽게 보여주지 않으므로 상대방에게 솔직하게 털어놓아라! 그리고 공적인 업무에 있어서 정당한 거절을 배우라!

태음인의 커리어포인트

사회생활을 가장 잘 하며 성실하고 끈기와 집념이 강하고 적응력이 뛰어나서 어느 직업에나 잘 적응하는 유형이다. 그러나 겁이 많아 모험심이 약하고 도전정신이 부족하여 새로운 직업을 찾아 이동하는 일을 피하므로 한 직장에서 한 우물을 오래 파는 스타일이므로 전문가기질이 있고 일대일 업무협상능력에 탁월하고 비공개적으로 조용히 처리해야 하는 일을 잘 하며 대인관계가 원만하다. 갈등관계를 잘 조정하고 실무적이며 경험적인 업무를 좋아한다.

안정적인 일을 우선하고 보수적이며 전통을 중시하고 빠른 변화에 적응이 어렵고 친숙한 습관에 안주하려고 하며 오랫동안 한 분야에서 연구 조사하는 직업에 적합하지만 복잡한 계산을 요하는 일이거나 순간적인 재치와 빠른 판단력을 요구되는 직업에는 적합하지 않다. 허리 엉덩이가 발달하여 씨름이나 유도와 같은 운동을 잘 한다.

태음인의 진로 및 직업적성

보수적 정치인, 철학가, 중소상공인, 경제학자, 재무관리자, 보건의료분야, 임상병리사, 환경 및 보건의료검사원, 정부행정사무원, 인사노무사무원, 안내 접수 전화교환원, 고객상담원, 인문사회계열 교사, 교수, 직업상담원, 사회복지사, 보육교사, 사서 및 기록물 관리사, 국악 및 전통예술인, 철도 및 지하철 기관사, 조경기술자, 곡식, 과수, 화훼작물재배자, 측량사, 문화재보존가, 한의사, 물류관리전문가, 외교관, 학예사, 통계학자

태음인 자녀양육과 학습방법
태음인 자녀라면······

　아침에 일찍 일어나는 것보다 한밤중에 효율이 오르는 올빼미형이다. 계획대로 진행하는 것이 어려울 수 있으니 타인으로부터 간섭과 통제를 받을수록 자신에게 도움이 된다. 주변인의 잔소리를 고맙게 여겨라. 계획을 세우는 일에 함께 해주고 작은 성취를 달성했을 때에라도 자신감을 가질 수 있도록 태음인 자녀에게는 특히 더 많이 아낌없는 격려를 해주어야 한다. 일대일 대화에는 능하지만 많은 사람들 앞에서 발표하는 일에 어려움을 갖게 되므로 어려서부터 발표력을 향상시키기 위한 프로그램에 참여시키는 것이 좋다. 태음인은 분위기로 대충 이해하고 나면 깊이 있게 파고들려 하지 않는 성향이 있다. 큰 흐름에 강한 반면 구체적인 내용은 간과한다. 사실들이 속해 있는 범주와 위치, 위상을 분명하게 정리하고 구체적으로 이해하는 습관을 길러주어야 한다. 느긋하고 여유로우며 안정적인 태음인 자녀에게 너무 다급하게 재촉하거나 빠른 결과나 신속한 답변을 요구하면 많은 부담을 갖게 되므로 여유 있고 차분하게 기다려주는 인내가 필요하다. 그러나 사회생활을 함에 있어서 타인으로부터 느리고 답답하다는 인상을 주지 않기 위해서는 신속한 일처리와 빠른 의사결정이 필요함을 알게 하고 평상시 생활 가운데 부모의 관심 속에서 훈련할 수 있도록 돌봐주어야 한다. 쇼핑을 하게 되면 무엇을 구입하고 싶은지 자녀의 의견을 먼저 물어보고 왜 그것을 결정하게 되었는지 생각해보게 하며 다른 사람의 도움 없이도 혼자서 현명한 결정을 할 수 있도록 도와주는 일이 매우 중요하다. 대학생인 태음인 자녀가 아침마다 무엇을 입어야 할지, 신어야 할지, 어떤 가방을 메고 가야할지에 대해 매일 아침 묻는다. 이처럼 누군가 곁에서 끊임없이 자신을 위해 조언이나 결정을 내려주는 일에 의존하게 되며 오래될수록 그 일은 습관이 되어버리기 때문에 어려서부터 태음인 자녀를 둔 부모라면 자녀의 특성에 대해 이해하고 무엇을 개발해줘야 할지에 대해 분명히 알고 지도한다면 훨씬 더 효과적이다.

태음인 부모라면……

자녀교육에 있어서 가장 헌신적이며 인내심이 많고 자녀에 대한 이해심이 높다. 편안하고 차분하므로 자녀들이 대체로 안정감을 갖는다. 갈등을 회피하는 태음인 부모는 자녀문제로 인해 속상한 일이 생겨도 겉으로 표현하거나 드러내지 않고 혼자 속으로 삭히는 경향이 있다. 거절하거나 따끔하게 혼내주거나 심하게 야단치는 일이 없다 보니 때로는 자녀에게 끌려 다닐 수 있으므로 유의해야 한다. 원칙을 정하고 이를 어겼을 경우 분명하게 책임 질 수 있도록 지도하며 잘못된 행동에 대해서는 지적해주고 수정할 수 있도록 도와주는 것이 필요하다.

태음인의 체형에 맞춘 이미지컨설팅

고상하고 품위 있는 여성다움을 지향하는 엘레강스(Elegance)한 이미지와 귀엽고 여성스러운 페미닌 스타일, 그리고 소박하고 전통적이며 이국적인 신비로움을 지닌 민속풍의 에조틱(Exotic)한 이미지를 가지고 있다. 목과 어깨가 가늘고 약해 보이나 허리가 튼튼하여 앉은키가 가장 크고 가슴이 발달하여 글래머형이며 허벅지와 엉덩이가 발달하여 엉뚱(엉덩이가 뚱뚱) 한 체형이다. 무겁고 우직한 이미지이다. 앞에 나서기보다

뒤에서 바라보는 소극적이고 조용한 이미지이다. 그러므로 지나친 원색이나 어두운 컬러보다는 밝으면서 부드러운 파스텔 계열로 여름이미지의 색이 효과적이다.

태음인의 건강관리

간이 크고 소장이 발달하고 코가 발달하여 냄새를 잘 맡는다. 땀이 많고 물을 많이 마신다. 기관지와 폐가 약하기 때문에 담배를 조심해야 한다. 태음인은 한태음인과 열태음인으로 나뉘어지는데 한태음인은 소음인과 비슷하며 땀을 많이 흘림으로 순환에는 문제가 없으나 추위나 더위, 기후변화에 민감하여 설사나 기관지염, 천식 등 감기에 쉽게 걸린다. 반면에 열태음인은 변비나 비만, 등 순환기계통이 취약하고 스트레스 등으로 인하여 동맥경화, 고혈압, 심장병, 당뇨병, 중풍 등이 발생될 우려가 높다. 태음인은 주로 간의 기능은 좋으나 폐나 심장, 대장과 피부질환이 잘 발생되므로 신진대사를 위해 비만을 방지하고 대장의 배설을 도우며 변비를 예방하기 위한 섬유질이 많이 든 음식물을 섭취하며 태음인은 즐거움을 쉽게 나타내고 기쁜 감정을 깊이 간직하여 내장을 쉽게 상하므로 쉽게 기뻐하거나 즐거워하는 감정을 조심하여야 한다.

태음인의 스트레스

태음인은 항상 가만히 있으려 하고 움직이지 않는다.
분리와 회피가 중심인 정서중심대처

태음인의 성격궁합

최상 : 소양인 남편과 태음인 아내 / 소양인 상사와 태음인 부하
보통 : 태음인 남편과 소양인 아내 / 태음인 상사와 소양인 부하
노력요함 : 태음인 남편과 태양인 아내 / 태음인 상사와 태양인 부하

태음인의 인물탐구

포드 전 대통령, 히딩크
태음인 : 한국인의 45%

소음인

　내향적이며 많은 사람 만나는 것을 좋아하지 않으며 긴밀한 관계를 형성한다. 낯선 사람과 이야기하는 것을 불편하게 여기며 사색적이며 조용한 타입이다. 꼼꼼하고 세심하며 타인에 대한 칭찬에 가장 인색하고 표정관리가 어렵다. 싫으면 싫은 표정이 얼굴에 그대로 드러나기 때문이다. 세태나 민심, 여론을 인식하지 못하고 사회운동에는 대체로 무관심하다. 깊은 사색과 비판적이고 부정적인 경향이 있으나 겉으로 드러나는 표정이 밝고 명랑하며 활기차게 보이고 감정변화가 심하여 자칫 소양인으로 보여 질 수 도 있다.

　한 가지 일에 집중하여 전문가다운 기질이 강하다. 겉으로 볼 때 기가 약하고 모험심이 부족하고 부드러우나 내적 강인함과 자기소신을 굽히

지 않는 외유내강형이다. 생활 태도 면에서 가장 정직하고 착실하며 초지일관한다. 잘못된 주관이나 소신이 강하면 앞뒤 꽉 막힌 고집불통이 된다. 지시에 잘 따르는 순종형이며 강자에 약하고 약자에 강한 태도를 보인다. 과거지향적이므로 복고적이고 과거에 대한 추억을 간직하고 즐기나, 과거에 대한 좋지 않은 기억도 마찬가지이므로 소음인에게 잘못한 일이 있으면 즉시 해결하고 마무리 해야만 원한을 마음에 품지 않게 하는 일이다. 남들은 마음에 두지 않고 벌써 잊어버린 일도 마음에 새겨두고 오랫동안 꺼내어 음미하며 마음 상해하는 예민한 성격이다. 작고 섬세하며 기교가 있고 애교가 가장 많은 체질이다.

소음인의 소극적이고 공격적인 변화는 당신이 고도의 가시적인 프로젝트에서 일하는 것에 초대받지 못하는 주요한 원인이다. 비록 동료들은 당신이 가진 정보와 풍부한 아이디어 때문에 당신에게 접근하지만, 그들은 그들의 프로젝트 팀에 당신을 거의 포함하지 않는다. 사실, 당신은 직장에서 거의 외톨이이며 당신은 그 길을 선호하는 일에 주저하지 않는다. 소음인은 경영관리의 후보는 아니고 뛰어난 조직화 능력과 세심한 것에 주의를 요하는 고도의 기술적인 직업에 가장 적합하다. 당신은 기업의 승진 계단을 오를 욕심이 없지만, 당신의 일의 진가를 인정받기 위해 일한다. 당신은 당신 내면에서 상위 경영진을 비난하는 경향을 억제해야만 한다. 당신의 날카로운 빈정댐은 당신을 어려움에 빠트릴 수도 있다.

소음인의 보완할 점

사람 만나는 일을 두려워하지 말아야 한다. 복잡한 인간관계를 싫어하며 소수의 사람과만 친밀하게 지내는 성향을 개선할 필요가 있다. 사회생활을 하기 위해서는 다양한 사람들과의 인간관계가 필수이기 때문이다. 다른 사람이 잘 하는 일에 대해 질투가 많고 칭찬에 인색하므로 칭찬하는 훈련이 필요하며 쉽게 좌절하거나 포기하는 특징이 있으므로 과감하게 도전하는 모험심을 길러야 한다.

소음인의 리더십

자기분야나 자기가 속한 조직에 있어서 충성심이 매우 강하다. 자신이 속한 부서 이외에도 관심을 가져라. 칭찬에 인색한 소음인은 부하 직원에게 칭찬하는 습관을 길러라. 의도적으로, 억지로라도 몇 번 시도하다 보면 익숙해지고 자신도 행복하고 칭찬을 받는 직원은 더욱더 업무에 집중하게 되어 높은 성과를 내는 훌륭한 직원이 될 수 있을 것이다. 그러나 소음인 부하직원은 자신이 칭찬하는 일에 인색하기 때문에 자신이 칭찬 받는 일 또한 어색하다. 칭찬의 약발이 가장 잘 듣는 체질은 소양인이다. 소음인 상사는 자상하고 섬세한 면이 있어서 직원들의 경조사를 잘 챙기며 많은 후배들이 따르는 타입이다. 그렇지만 한번 찍히면 회복하기 어려우니 소음인 상사에게 찍히는 일이 없도록 조심해야 한다. 고집 센 소음인 부하직원을 다룰 때에는 객관적이고 분석적인 자료를 토대로 설득해야 한다. 그렇지 않을 경우 비판적이고 부정적인 직원이 될 수도 있음을 명심하라.

소음인의 커리어포인트

논리구성능력과 비판능력이 뛰어나고 분석적 사고가 발달하였다. 섬세하고 정밀하며 계산능력이 뛰어나고 판단력이 빠르다. 반복적인 업무에도 잘 견디며 하체가 발달하여 오래 서서 일하거나 걷는 직업에 적합하다. 손재주가 있어 기계, 기술 분야에 적합한 엔지니어나 미각이 발달하여 요리, 식품업에 잘 맞는다. 눈치가 빠르고 영리하여 윗사람에게 잘 보이는 성향이 있으므로 상사에게 인정받으며 때에 따라 선물을 하거나 인사를 잘 챙긴다. 자신이 상사일 경우 자신의 지시대로 잘 따라주길 원한다. 자기 물건을 잘 간수하고 정리하는데 뛰어나며 자기에게 맡겨진 업무에 대해서는 완벽하게 처리하고자 하는 책임감이 강하다. 공과 사에 대한 관계 구분이 명확하지 못하며 지연적, 조직적 유대관계를 선호하고 소모임에 활발하여 지역향우회나 학교 동문, 동창회에 열심히 참석하여 '끼리끼리' 잘 노는 패거리의식이나 파벌성향이 강하여 업무 중 공사를 구별하지 못하는 단점을 극복하는 것이 필요하다. 발을 많이 사용하는 육상이나 축구, 스키와 같은 운동이 적합하다.

소음인의 진로 및 직업적성

자연과학, 법학, 행정학, 역사학자, 공학자, 이공계전문가, 전산분야, 엔지니어, 게임기획자, 행정관리자, 비서, 사무, 회계사무원, 설문조사원, 법률관련사무원, 메이크업아티스트, 애완동물미용사, 조리사, 제빵 제과원, 로봇연구원, 정보보호전문가, 건축공학, 토목공학기술자, 식품공학기술자, 컴퓨터시스템설계분석, 데이터베이스관리자, 컴퓨터보안전문가, 귀금속 및 보석세공원, 패션소품점, 생활용품판매점, 가상현실전문가, 모델

소음인 자녀양육 및 학습방법

소음이 자녀라면……

조용한 곳을 좋아하며 혼자 공부하는 것을 즐기므로 자기만의 학습공간을 만들어주는 것이 필요하다. 그러나 마음에 맞는 소수의 친구와 함께 하는 것도 괜찮다. 분석적이고 관심분야에 있어서는 깊이 있게 집중하여 학습에 임한다. 한 측면에서 깊이 파고들기 때문에 평면적인 반면 체계와 논리성은 놀랍고 깊이가 있다. 그러므로 관심 분야의 폭을 넓게 가질 필요가 있으며 호기심이 많아 질문이 많으므로 객관적인 사례나 데이터를 가지고 충분한 답변이 되도록 궁금증이 풀릴 때까지 구체적으로 설명해 주어야 한다. 자신이나 타인에 대한 기대 수준이 너무 높다보니 수준 높은 과제물이나 숙제를 너무 완벽하게 하려고 하는 성향 때문에 시간이 많이 걸린다. 과제를 할 수 있는 시간이 여유롭지 못할 때 불안하거나 불편함을 느끼므로 충분한 시간여유를 가지고 미리 할 수 있도록 한다. 친구들이 잘한 일에 대해서도 충분히 인정하고 격려하며 칭찬해 주는 훈련을 해 주고 자신의 감정에 대해서도 솔직하게 표현할 수 있는 자기표현훈련을 함으로써 사회성을 키워 줄 수 있어야 한다.

소음인부모라면……

자녀양육에 있어서 누구보다 욕심이 많지만 겉으로 치맛바람 드센 부모처럼 드러내지는 않는다. 완벽한 부모 역할을 하려고 노력한다. 자녀에 대한 기대가 가장 높고 완벽한 자녀로 성장해주길 기대하므로 매사에 철저하고 올바르게 키우려고 노력한다. 자녀의 잘못이나 실수를 허용하지 않으므로 완벽한 부모 밑에서 억압받는 자녀의 모습을 상상해보라. 자신의 10대 모습을 상상하면서 자녀의 잘못이나 실수를 허용하도록 노력하라. 특히 소양인 자녀는 소음인 부모의 신중, 철저, 치밀, 꼼꼼함에 반발할 가능성이 가장 높다. 소양인 자녀의 활발하고 적극적이며 사교적인 면에 대하여 오히려 배울 필요가 있으며 아낌없이 칭찬해 주고 감성 대화를 적극적으로 개발해야 한다. 기대가 크면 실망도 큰 법, 자신의 지나치게 높은 기대를 줄이기 위해 노력하라. 일찌감치 마음을 비우는 길이 소양인 자녀와 좋은 관계로 지낼 수 있는 방법임을 터득해야 한다. 자녀 양육을 성공적으로 하기 위해 무엇보다 중요한 것은 자녀와 잘 지내는 것, 자녀와 원수가 되지 않는 것, 자녀와 행복한 관계를 형성하는 일이다. 아무리 성적이 좋고 좋은 대학에 들어가고 좋은 회사에 입사해도 성장 시기에 부모님에 대한 좋은 기억이 없다면 성장 이후에도 행복한 사회 생활과 가정 생활을 하기가 어렵다. 태음인 자녀에게서도 느긋함과 여유를 배우고 칭찬해주어라.

소음인의 건강관리

　신장이 강하고 대장의 소화력이 발달하고 아랫배가 강하여 생식력과 정욕이 가장 강한 체질이다. 방광이 튼튼하고 하체가 발달되어 있으며. 미각이 발달하여 맛집을 찾아다니는 미식가들이 많으며 입맛이 까다롭다. 사소한 일에도 마음 상하여 위장과 소화기관에 문제가 발생할 수 있다. 체질적으로 허약한 비위 기능과 냉한 소화기관을 가지고 있기 때문에 소화가 잘 안되고 찬 음식을 먹으면 설사를 하기 쉽다. 소화하기 쉽고 따뜻한 식품을 섭취하고 지방질 음식이나 찬 음식, 날음식은 좋지 않다. 소화불량이나 위염, 상습복통 등 급만성 위장병에 잘 걸린다. 땀을 많이 흘리면 좋지 않으므로 무리한 운동으로 땀을 많이 흘리지 않도록 해야 한다.

소음인 체형에 맞춘 이미지컨설팅

고상하고 품위 있는 여성다움을 지향하며 우아한 이미지의 엘레강스함과 귀여운 페미닌 스타일, 그리고 세련되고 도시감각적인 소피스트케이트(Sophisticate)한 이미지를 가지고 있다. 얼굴선이 가늘며 오밀조밀하고 키와 몸집은 작으나 아담한 몸집과 근육에 비해서 골격이 발달하여 굵은 편으로 균형 잡힌 몸매를 가졌고 상체가 약하고 하체가 발달하였으며 목과 어깨가 좁고 손목이 가늘고 피부가 매끄럽고 부드럽다. 어깨와 가슴이 빈약하고 엉덩이가 발달하였고 허리는 보통이고 다리는 굵은 편이어서 다리와 발이 강하므로 오래 서 있거나 장거리도 잘 걷는다. 첫인상이 부드럽고 편안하며 단정하다. 침착하며 조용한 성품이라 내성적이고 사색적이며 치밀하고 분석적이며 여성적인 이미지이다. 남성 중에서도 여성다운 남성이 많고 미남미녀가 많다. 즐거워하는 습성 때문에 표정이 밝고 명랑하지만 감정 기복이 심하다. 원기회복이 필요한 사람으로 겨울과 검정 컬러를 선호하지만 여름과 노랑컬러에 적합하여 적극적이고 자신감을 줄 수 있는 밝고 화사한 봄 이미지의 색이 효과적이다.

소음인 스트레스 관리

소음인은 항상 한 곳에 머물고 밖으로 나가지 않는다. 사소한 일에도 마음에 두고 스스로 스트레스를 받는 유형이므로 속상한 일이 있거나 타인으로 하여금 서운한 감정, 불쾌함 등에 대한 감정표현을 솔직하게 함으로써 서로 간에 불필요한 오해가 쌓이지 않도록 노력하고 괜히 혼자서 마음 상하는 일이 없도록 할 필요가 있다.

소음인 성격궁합

좋음 : 태양인 남편과 소음인 아내 / 태양인 상사와 소음인 부하

보통 : 소음인 남편과 태양인 아내 / 태음인 상사와 소음인 부하

노력요함 : 소음인 남편과 소양인 아내 / 소음인 상사와 소양인 부하

소음인 결혼생활 플러스

개인적인 공간을 허용해주고 침묵하고자 할 때 조용하게 두어라.

지속적인 정서적 지지와 격려를 해줘라.

소음인 인물탐구

미켈란젤로 , 칸트

소음인 : 한국인의 20%

나의 체질적 특성 이해하기

(   ) 체질

장점 :

1)

2)

3)

약점 :

1)

2)

3)

보완점 :

1)

2)

3)

보완하기 위한 행동실천전략 :

1)

2)

3)

체질 특성에 맞는 직업 및 진로 찾기 :

1)

2)

3)

4)

5)

4. DISC 유형별 자기이해

4. DISC 유형별 자기이해

　네 가지 DiSC 행동경향에 대한 이론적 배경을 제시한 사람은 심리학자 윌리암 M. 마스톤(William Mouston Marston) 박사이다. 네 가지 유형론은 고대 희랍의 물리학자이자 철학자인 히포크라테스 (사망 377 B.C) 까지 거슬러 올라가는데 히포크라테스는 4가지 기질론 - 다혈질, 점액질, 담즙질, 흑담즙질을 주장했다. DiSC 행동모델은 말 그대로 외부세계로 표출되는 관찰 가능한 행동패턴에 집중하고 있으며, 그 점에서 다른 유형론과 차별화된다. 표면적인 행동패턴은 쉽게 노출되어 있기 때문에 이를 손쉽게 이해하고 활용할 수 있다는 측면에서 이 모델의 실용적 가치가 돋보인다. Extended DISC system은 1920년대에 발전된 심리학이론에 기반을 두고 있다. DISC의 기본 틀은 1940년대 말에서 1950년대 초에 개발되었다. 네 개의 기본적인 행동유형을 구분하고 서로 독립적으로 또는 서로 의존적으로 유형규정을 하기 위하여 회귀분석이 활용되었다. 이것은 또한 수백만 가지의 인간 반응 방식을 보다 적은 수의 유형으로 전환시키는 것을 가능하게 해주었는데 DISC-프로파일은 환경 자극에 대한 개인의 반응 유형을 기술하고 분석하는 데 무척 유용하다는 사실이 입증되었다. Extended DISC 이론은 인간을 좋고 나쁨으로 구분하지 않으며, 작업환경이나 그 밖의 다른 상황에서 인간의 잠재성을 개발하는 것에 제한을 가하지도 않는다. DISC 이론은 서로 다른 상황에서 인간의 자연스러운 행동유형을 설명해 준다. 이로써 자기 자신 뿐만 아니라 타인의 행동을 보다 더 잘 이해하고 자신의 행동을 상황에 맞게 조정할 수 있도록 도와준다. 업무관리 부분에 있어서도 업무수행의 효율성을 파악하고 대응전략을 개발할 수 있도록 도우며 팀티칭에 있어서 상사와 부하직원 간 역할 행동을 파악하고 업무유형별 계획을 세울 수 있다. 또한 의사소통과정에서의 불필요한 갈등들을 피할 수 있게 도와주는 유용한 도구로 널리 활용되고 있다. 사람들 간의 차이에 대한 발견을 통해 그 가치를 인정하고 존중한다.

Marston박사에 의하면 인간은 환경을 어떻게 인식하고 또한 그 환경 속에서 자기 개인의 힘을 어떻게 인식하느냐에 따라 4가지 형태로 행동을 하게 된다고 한다. Marston박사는 각각 주도형, 사교형, 안정형, 신중형, 즉 DiSC 행동유형으로 부르고 있다. DiSC는 인간의 행동유형(성격)을 구성하는 핵심 4개요소인 Dominance(주도형), Influence(사교형), Steadiness(안정형), Conscientiousness(신중형) 의 약자이다. 국내에서는 한국교육컨설팅연구소에서 국내 보급 판권을 가지고 있으며 퍼스널 프로파일 시스템 PPS(Personal Profile System)에 의한 응답 결과는 개발자형, 결과지향형, 직감형, 창조형, 촉진자형, 설득형, 카운셀로형, 평가자형, 전문가형, 성취자형, 중개자형, 탐구자형, 객관주의형, 완벽주의형, 실천형으로 나뉘며 이 밖에도 오버쉬프트형, 언더쉬프트형, 중간형 등이 있다. 기회가 되면 반드시 자신의 정확한 유형을 진단해보길 권하며 본서에서는 간편 진단으로 4개의 유형으로 분류해보고자 한다.

[자신의 행동유형 진단지]

나를 가장 잘 설명한다고 생각되는 표현을 앞쪽 공란에 번호를 쓴다.

		1	2	3	4
1		절제하는	강력한	꼼꼼한	표현을 잘하는
2		도전, 개척적인	정확한	흥미에 관심	만족스러운
3		기꺼이 하는	활기 있는	대담한	빈틈없는
4		논쟁을 좋아하는	회의를 좋아하는	주저하는 성격	예측할 수 없는
5		공손한	사교적인	참을성이 있는	무서움을 모르는
6		설득력 있는	독립심이 강한	논리적인	온화한
7		신중한	차분한	과단성 있는	파티를 좋아하는
8		인기 있는	고집 있는	완벽주의자	인심 좋은
9		변화가 많은	수줍음을 타는	느긋한	완고한
10		체계적인	낙관적인	의지가 강한	친절한
11		엄격한	겸손한	상냥한	말주변이 좋은
12		호의적인	빈틈없는 놀기	좋아하는	의지가 강한
13		참신한	모험적인	인내하는	신중한
14		참는	성실한	공격적인	호감 주는
15		열정적인	분석적인	동정심이 많은	단호한
16		지도력 있는	충동적인	느린	비판적인
17		일관성 있는	영향력 있는	생기 있는	느긋한
18		사람을 잘 사귀는	친절한	독립적인	정돈된
19		이상주의적인	평판이 좋은	쾌활한	솔직한
20		참을성 없는	진지한	미루는	감성적인
21		경쟁심이 있는	자발적인	충성스러운	사려 깊은
22		희생적인	이해심이 많은	설득력 있는	용기 있는
23		의존적인	변덕스러운	절제력 있는	밀어붙이는
24		포용력 있는	옛날을 생각하는	사람과 어울리는	이끌어 가는

*	D : 주도형	I : 사교형	S : 안정형	C : 신중형
1	2	4	1	3
2	1	3	4	2
3	3	2	1	4
4	1	4	3	2
5	4	2	3	1
6	2	1	4	3
7	3	4	2	1
8	2	1	4	3
9	4	1	3	2
10	3	2	4	1
11	1	4	3	2
12	4	3	1	2
13	2	1	4	3
14	3	4	2	1
15	4	1	3	2
16	1	2	3	4
17	2	3	4	1
18	3	1	2	4
19	4	2	3	1
20	1	4	3	2
21	1	2	3	4
22	4	3	2	1
23	4	2	1	3
24	4	3	1	2
계	개	개	개	개

앞의 번호를 집계표에 일치한 번호에 동그라미하고 위에서 아래로 동그라미
한 갯 수 를 아래에 적는다. 가장 많은 개수가 자신의 1차와 2차 유형이다.

　　　　나의 스타일 순위　　　　　　　　1　　　　　　　2

가장 높은 점수 2 가지

주도형 D : Dominance

주도형의 행동목표 3자 : 나가자! 싸우자! 이기자!

주도형의 행동특성은 결과를 성취하기 위해서 주변의 장애를 극복하고 스스로 환경을 조성한다. 문제를 해결하고 빠르게 결과를 얻는다. 다른 사람의 행동을 유발시키며 동기를 부여하고 활력이 넘친다. 도전을 받아들인다. 명료한 자기주장과 의사결정이 빠르고 기존상태에 문제를 제기한다. 복잡한 사안들을 잘 처리한다. 통제와 감독으로부터 자유롭다, 새롭고 다양한 활동을 좋아하며 독립적인 행동을 좋아한다. 자의식이 강하고 목표에 대한 성취욕구가 강하며 경쟁적이다. 어려운 일이 생길수록 도전하며 리더십을 발휘하는 활동을 선호하고 지시하거나 통제하려고 한다. 이들은 적극적인 행동파로서 점심 식사를 하기 위해 밖으로 나가면 가장 앞장서서 식당을 결정하고 메뉴를 정한다. 항상 분주하다. 자신의 높은 자신감은 실패한 사람들에게 계속해서 도전할 수 있는 메시지를 전달한다. "할 수 있어!" "다시 시작해봐!" "하면 돼" 라고 하며 자신 뿐 만아니라 타인에 대해서도 변화를 지향하며 시도하고 도전하게 한다. 자율과 권한, 의지가 강한 만큼 이들의 가장 큰 두려움은 자신의 통제권이 없는 환경이나 부드럽거나 약하다는 인식, 또는 다른 사람의 감독이나 지시를 받고 간섭을 받을 경우, 도전적인 이들에게 새롭고 모험적인 일보다는 반복적입 업무가 지속될 때 가장 두려워한다.

리더십에 있어서 주도형의 사람들은 권위적이고 독재적인 카리스마 강한 리더십 스타일을 발휘하며 위계질서를 선호하고 책임감이 강하다.

이들의 구호는 "돌격, 앞으로!" "나를 따르라!" 등이 이들의 리더십 모토이다. 과감하며 결단성과 추진력이 강한 이들은 위험한 문제가 발생했을 때 회피하지 않고 감수하며 기꺼이 모험을 감행하여 해결하려고 한다. 힘들고 어려운 상황이 오면 오히려 더욱 도전적이고 진취적으로 변하며 복잡하고 혼란스러운 상황을 빠르고 명쾌하게 문제 해결에 나서므로 높은 실행력과 구체적 성과를 얻어낼 수 있다. 팀 내에서 이들은 책임을 맡고 행동으로 실천하며 목적과 목표달성을 위해 강한 추진력을 드러내며 새롭고 도전적인 과업에서 탁월한 성취 능력을 발휘해 낸다. 안정형일 경우 자신을 대신해서 결단하고 행동으로 옮겨주는 주도형에게 박수를 보내며 다소 무서워하지만 의존한다. 사교형은 곁에서 억지로 따라가지만 "정말 재미없고 너무 딱딱해" 하며 궁시렁 거린다. 신중형은 불안 불안하며 주도형의 밀어붙임을 바라보며 " 아, 안되는데, 조금 만 더 천천히, 좀 더 살펴보고 가야하는데.." 라고 하며 제자리에 앉아서 머리 회전을 하고 있다.

프로젝트를 수행하는 방식에 있어서 이들은 앞장서서 주도하고 '준비' .. 발사! 한 다음에 '조준' 하는 행동을 보인다. 그만큼 성급함을 나타낸다. 일단 저질로 놓고 행동으로 옮긴 다음 일에 대해 점검에 들어간다. 이럴 때 옆에서 신중형의 만류가 필요하다. 잠시만요! 한번 더 꼼꼼히 분석한 다음 실행해 보면 어떨까요?

스트레스 상황이 되면 장형인 이들은 감정이 폭발하기 쉬우며 육체적으로 스트레스를 풀기 원한다. 화를 직접 표현하는 경향이 있고 감정적

스트레스로 원상복귀하기 위해서는 운동을 통한 육체적 활동으로 적절하게 풀어야 한다.

선호하는 업무환경은 업무의 결정권이 극대화 되었을 때이며 빠른 업무처리 속도와 사건을 통제할 기회가 부여되고 빠른 속도로 결과를 지향할 때, 과정보다는 결과에 대한 책임을 질 때, 결과에 대한 보상이 주어질 때 업무에 대한 동기부여 요인이 되며 이러한 업무환경을 가장 선호한다. 반면에 자신의 권위가 압도당하거나 결과나 사람 상황에 대해 책임이 제한되거나 다양성이 적은 일상적이고 반복적인 활동을 하도록 강요되거나 타인으로부터 감독이나 지시, 통제를 받을 때, 자신이 나약하게 보일 때 이들은 가장 동기가 감소되며 회피하고 싶어 한다.

시간관리에 있어서는 목표나 기대사항에 대하여 글로 정리해 놓는 습관을 들여야 하며 새로운 일에 대한 세부사항과 소요시간에 대해 사전에 숙고하고 다른 사람의 시간을 존중해줄 수 있어야 한다. 자신의 성급함, 조급함으로 인하여 타인의 느린 행동을 이해하기 어려워하므로 타인에 대한 인내심을 가져야 한다. 자신의 속도를 오히려 늦추고 적절하게 휴식을 취하며 안정적인 모습과 행동을 보일 수 있도록 노력하라.

주도형에게 필요한 협력자는 성급하지 않으며 이성적이고 객관적인 사고를 가지고 찬반양쪽을 신중히 고려하는 사람, 미래에 대한 예측 가능한 환경을 조성할 줄 아는 사람, 사실을 조사하고 결정하기 전에 심사숙고하며 다른 사람의 욕구를 인식하는 안정형의 사람을 곁에 두면 자신의 약점을 보완하여 업무의 효율을 높일 수 있다. 그러나 사회적 관계에 있어서는 사교형의 풍부한 감성과 자유롭고 개방적인 인간관계에 대한 적응능력을 적절하게 배울 필요가 있다.

주도형을 관리하는 방법으로는 근거와 명분을 보여주어야 하며 정확한 데이터를 제공해 주어야 한다. 그들의 목표와 한계영역에 대하여 합의하고 그들의 방식을 지지하거나 아니면 벗어나도록 하라. 위임할 때에는 책임과 함께 권한도 넘겨주어 하고 싶은 대로 하도록 내버려 두어라. 간섭을 자제하고 한계목표를 정해주면 그 이상을 해내는 사람들이다. 그들의 성취한 일에 대하여 기꺼이 인정하고 칭찬해줘라.

주도형의 약점은 지나친 통제욕구 때문에 친구나 동료, 가족들의 의견을 무시하거나 관대하지 못하며 인간관계를 중시하지 않고 자신의 주장을 관철시키려는 독선적인 사람으로 비춰질 수 있다. 자존심이 강하며 결과에 집착하는 경향이 있다. 적극적이고 공격적인 행동은 때로 인정이 없어 보이거나 독단적으로 비춰진다. 급한 성격으로 인하여 감정을 자극하거나 건드리면 터진다. 자신이 늘 대장이기를 원한다. 지나치게 완고하거나 조급하게 행동한다.

주도형이 개선해야 할 점은 다른 사람의 견해나 감정을 고려하라. 감정언어를 터득하라. 억지로라도 감정언어를 사용하라. 자신의 의견을 이야기하기 전에 타인의 의견을 경청하는 훈련을 하라. 중간에 말을 자르지 말고 끝까지 들어라. 느리게, 신중하게, 한 번 더 생각하는 훈련을 하

나눔이 기술
함께
나눔을 아는 지혜

라. 심호흡을 크게 하고 장미 향기를 맡으며 여유를 가져라. 자연과 더불어 산책하라.

　　주도형의 고객에게는 간단명료한 설명으로 요점만 이야기하고 구매에 대한 의사결정을 본인이 하도록 하라. 지나친 권유를 피하라. 타인으로부터 자신의 결정 권한을 침해받으면 기분 나쁘다는 점을 명심하라. 자존심이 강한 이들은 문제가 발생했을 때 현장직원을 무시하고 최고책임자와 해결하려는 의지가 강하다. 특히 장형에 속하는 이들은 목소리가 크고 우렁차서 현장에서 큰소리를 치며 책임자 나오라고 한다. 순간의 감정이 격심해 있으므로 우선 감정격돌을 피하고 논리적으로 설명한 후 부드럽게 문제의 본질에 대하여 언급하라. 이들의 주장에 대해 옳은 주장을 인정하고 충분히 공감하고 있음을 보여줘라. 문제해결방법으로 대안을 제시하라. 너무 길고 장황한 설명을 피해야 한다. 짧고 굵게, 요점만 정확히 짚어서 설명하는 것이 필요하다. 결정한 사실에 대해 칭찬하라. 단 한마디면 된다. 대단하십니다요!

　　주도형의 자녀들은 관심없는 주제나 학습에는 딴청을 피우지만 관심을 가지고 일단 시작하면 주도적으로 집중한다. 수업에 대한 불만이 있을 경우 즉각적으로 교사에게 드러내기를 주저하지 않으며 듣기보다는 실험하고 체험학습을 선호하며 책상에 오래 앉아있기가 어려우므로 잠시 쉬는 시간을 허용해 주어야 학습 효과를 높일 수 있다. 자신이 할 수 있는 목표를 스스로 선택하게 하고 그 목표에 대한 책임감을 갖게 하며 적절하게 경쟁심을 부추긴다. 너무 서두르지 말고 차근차근 여유를 가지고 다시 도전할 수 있도록 격려한다. 결정권을 자녀에게 위임해 주고 자신이 선택한 결정에 대해 책임지게 하며 성취했을 경우 그에 적당한 보상을 해줌으로 적절하게 동기부여 할 수 있다. 실패했을지라도 항상 성공할 수 만은 없다는 사실을 인식하게 해준다.

주도형의 부모들은 지시적이며 권위적이고 자녀들이 순종하지 않을 경우 강압적인 자세를 보인다. 규범이나 세워놓은 규칙을 준수해야만하고 위배할 때에는 체벌을 해서라도 바로 잡으려고 한다. 조급함 때문에 자녀의 이야기를 끝까지 경청하기 어려워 부모 자녀 간 대화기술을 반드시 함께 배울 수 있는 기회를 갖도록 노력해야 한다. 자신과 다른 유형의 사람에 대해 어렵겠지만 너그럽게 대하도록 하라. 배우자에게 있어서도 동일하다는 점을 명심하라.

사교형 I : Influence

사교형의 행동목표 3척 : 잘난 척, 이쁜 척, 아는 척

다른 사람을 설득하거나 다른 사람에게 영향을 미침으로써 스스로 환경을 조성한다. 매우 열정적이며 즐겁게 사는 사람들이다. 사람들과 접촉하는 것을 즐기고 혼자보다는 다른 사람과 함께 일하기를 좋아하며 호의적인 인상을 준다. 말솜씨가 좋아 이야기하기를 즐기며 사람들을 즐겁게 한다. 통제로부터 자유롭게 행동하길 원하며 개방적이고 자신의 생각이나 감정을 잘 표현하며 의사표현이 자유롭다. 매력적인 방법으로 다른 사람들에게 영향을 끼친다. 그룹 활동을 좋아하며 사회적 인정과 인기를 원하는 이들은 사람들로부터 시선을 집중 받는 일에 즐거워하며 집단에서 늘 자신이 중심이 되길 원한다. 모 여가수의 " 날 보러 와요!' 의 노래 주인공처럼 말이다. 타인에 대한 평가에 민감한 이들은 좋은 인상을 주기 위해 노력하며 사람들에게 자신의 존재 가치를 알림으로써 자신이 원하는 환경을 조성하려 한다. 타인과 상호작용하는 것을 좋아하며 사람에 대한 높은 감수성을 가진 이들은 낯선 사람일지라도 빠르고 쉽게 친해진다. 팀 내에서 중요한 부분을 차지하고 있다는 느낌은 이들에게 큰 활력소가 된다. 사람과 상황에 대해 매우 낙관적인 이들은 많은 사람들을 알고 있으며 사람들은 그들의 삶 속에 매우 중요한 존재이다. 사람에 대한 높은 욕구는 사람과 관련된 정보를 처리하는 데 높은 감수성을 발휘하게 한다. 이들은 사교적인 모임을 즐기며, 사람들과 이야기하고 함께 웃으며 서로 친밀감을 느끼는 활동들을 좋아한다. 그러므로 이들의 행동의 주된 욕구는 사회적 인정이라고 할 수 있다. 그러므로 사교형들은 사회적 인정을 중요하게 여기므로 다른 사람들로부터 거부당하거나 외톨이가 되는 것을 가장 두려워하며 혼자서 오랜 시간을 견디어 내는 일에 인내심이 부족하고 심각한 고민을 혼자서 오랫동안 하는 일에 적응하기가 어렵다.

리더십스타일에 있어서 사교형은 민주적인 관리 스타일을 보이며 호의적인 감성리더들이다. 협상력이 뛰어나고 사람을 잘 다루며 다른 사람들과 공개적인 의사소통을 촉진하고 최종 의사결정을 위한 공감대를 조성하는 능력이 뛰어나다. 프로젝트를 추진하는 데 필요한 자원과 사람들을 모으고 접촉하여 참여시킨다. 그러나 지나치게 사람중심적인 이들은 일보다는 사람을 우선하므로 일의 체계성과 업무 프로세스에 있어서 문제의 발단이 있음을 명심해야 한다. 타인의 평가에 민감한 이들은 지나치게 인기에 집착하거나 정에 이끌려 의사결정의 오류가 발생할 수 있음을 명심하고 원리원칙을 지키고 시간관리에 철저하며 사람관리에 있어서 공정성을 발휘하도록 노력해야 한다. 안정형과 신중형의 부하직원들은 당신의 소란스럽고 다혈질적이며 변덕스러운 당신의 감정 상태에 적응하느라 고생하고 있음을 기억하라. 또한 계획된 일정이나 업무가 갑자기 변경되는 일에 적응하기도 무척 어려워 하고 있다.

스트레스를 받게 되면 이들은 말이 많아지고 직접적인 감정표출을 하게 되지만 스트레스 회복시간은 짧다. 가슴형인 이들은 다른 사람들과 대화를 통해 스트레스를 효과적으로 회복시킬 수 있다. 불쾌한 감정을 직접적으로 표출하여 뒤늦게 후회하는 일이 없도록 긍정적인 감정표현 관리에 신경을 써야한다.

선호하는 환경은 열정적이고 빠른 관계를 형성할 수 있는 기회와 사회적인 인정과 긍정적 피드백이 주어지는 상황을 편안하게 여기며 창의적이고 상상력이 풍부한 아이디어를 창출 할 수 있는 기회를 선호하는 반면 상호적대적인 분위기와 인정받지 못하는 환경이 주어지거나 꼼꼼하게 처리해야 할 업무나 반복되는 일, 사람과의 접촉이 적거나 거의 없는 환경에 부딪치면 업무 효율이 떨어질 수 있다.

시간관리를 잘 하기 위해서 사교형들은 새로운 일을 하기 전에 반드시 현재 하고 있는 일을 마무리 하는 것이 우선이며 작은 것부터 계획하고 실천하는 습관을 개발하고 자신의 목표가 지나치게 높거나 이상적인 목표가 아닌지 점검할 필요가 있으며 사람을 지나치게 좋아하는 성향 때문에 사람만나는 일에 많은 시간을 할애하지 않는지 점검하고 인맥관리에 있어서도 계획적인 만남을 습관화 할 필요가 있다.

사교형에게 필요한 협력자는 일에 집중하고 사실을 추구하며 단도직입적으로 말하는 사람, 성실하여 자신에게 맡겨진 일에 책임감을 가지고 끝까지 마무리하는 사람, 사람에 대한 관심보다는 일을 우선하며 감정에 치우치지 않고 객관적이며 논리적인 신중형의 사람을 곁에 두면 자신의 부족한 점을 보완하며 업무효율을 높일 수 있다.

사교형을 잘 관리하기 위해서는 그들을 인정해 주고 좋아한다는 것을 먼저 보여주면 쉽게 경계를 없앨 수 있다. 개방적이고 사람에 대해 낙관적인 이들은 늘 즐거운 분위기를 만들어주면 일에 집중하며 성과를 높일 수 있다. 그러나 집중하는 시간이 짧기 때문에 쉬는 시간을 자주 만들어주고 동료들과 이야기하는 일을 허용하라. 많은 사람들 앞에서 인신공격적인 비난을 삼가고 혼자 조용히 불러 잘못된 점을 부드럽고 낮은 음성으로 알려주도록 하라. 타인의 평가나 비난에 민감한 이들은 가장 많은 상처를 받기 때문이다.

사교형의 약점으로는 재미 없고 일상적으로 반복되는 일을 싫어하며 복잡하거나 사소한 일들로부터 벗어나고자 한다. 사람들을 너무 쉽게 믿고 사실에 대한 자세한 점검 없이 전해들은 이야기를 숨기지 못하여 발설하기 쉽다. 시작한 일을 끝까지 마무리하지 못하고 늘 새로운 일에 대한 흥미가 많고 즉흥적인 이들은 자유로운 활동을 추구하며 새로운 일들을 또 다시 벌려 놓는다. 이들의 행동은 비조직적이고 비계획적이며 비체계적이다. 이들은 천성적으로 틀에 짜인 엄격한 기준이나 규범을 거부하려고 하며 계획을 세우지만 변수에 따라 쉽게 변하거나 포기하게 된다. 고정된 일정이나 엄격한 시간제한은 구속처럼 느껴진다. 그러다보니 자주 마감기일을 놓치거나 약속했던 일을 어기게 되고 약속시간에 늦는 상황이 발생된다.

사교형의 개선할 점은 사교형인 당신은 사실을 객관적으로 바라보는 시각을 갖기 위해 노력하며 세부사항에 관심을 가지고 꼼꼼하고 신중하도록 노력하라. 시작한 일은 반드시 마무리 하도록 하고 일을 시작하기 이전에 사전계획을 세우는 일에 시간을 할애하라. 너무 많은 사람들을 만나기 위해 시간을 허비하지 말고 인맥관리 스케줄을 작성하여 계획적인 일상생활을 위해 노력하라.

사교형의 고객을 만나면 감정이 풍부하고 말이 많은 사교형의 고객은 일단 들어서면서부터 말이 많아지기 시작한다. 주도형이나 신중형의 판매자들은 매우 어렵겠지만 모든 이야기를 잘 들어주는 기술이 필요하다. 게다가 반드시 '맞장구'를 치며 들어야 한다. "맞습니다!" "아하!그렇군요!" 나중에는 자신의 목적이 무엇인지 모를 정도에 이른다. 이들의 표정에 눈맞춤을 하면서 자신의 목적을 상기시켜준다. 구매하고자 하는 상품에 대해 설명할 기회를 만들어 열심히 설명한다. 너무 재미없고 딱딱하게 설명하면 말을 자른다. 얼굴표정은 반드시 웃으면서 부드럽게 해야 한다. 관계를 중시하고 사람을 좋아하는 이들은 상대방의 표정만으로도 만족스러우면 상품구매를 결정할 수 있다. 가장 충동구매를 잘 하는 사람들이다. 이들의 옷차림과 표정에 대해 칭찬하라. 유명인들을 예로 들어 설명하라. 딱딱한 호칭은 싫다. 가족처럼, 친구처럼 다가서라.

사교형의 자녀들은 발표를 잘 하고 토의수업을 선호하며 재미있는 게임 활동을 선호한다. 친구들과 함께 공부하는 것을 좋아하며 수업 중에도 친구들과 이야기하기를 좋아한다. 그러나 구체적이고 세밀한 일에 약하여 꼼꼼하게 노트정리 하는 것이 어렵다. 사교형의 자녀에게는 안아주거나 등을 두드려주거나 손을 잡아주는 등 스킨십을 자주 해주는 것이 매우 중요하다. 부모나 교사와의 감정적 교류와 인정과 칭찬이 학습효과에 많은 영향을 미치므로 언어, 비언어적 표현으로 스킨십과 칭찬언어를 자주 사용하라. 사소한 일에도 약간 오버액션을 취하여 칭찬해 줄 필요가 있다. 친구관계를 중요하게 여기므로 사교형 자녀의 친구들에 대한 관심도 드러내고 "요즘 OO 친구 어떻게 지내니? 라고 하며 친구의 안부를 물어보라. 친구들과의 관계를 자연스럽게 물어봄으로 자녀의 감정상태를 확인해 볼 수 있으며 지나치게 친구들에게 인기를 의식하고 인정받기를 원하는 요구에 대해 부모의 지도가 필요하다. 책상정리 하는 일과 용돈을 관리하는 일에 어려움이 따를 수 있으므로 정리정돈하는 습관과 용돈을 경제적으로 사용하는 훈련이 필요하다. 계획을 세우고 실행하는 일에도 어려움을 가질 수 있으므로 작은 계획부터 함께 세운 후 실천할 때마다 적절한 보상과 칭찬으로 훈련하면 효과적이다.

사교형의 부모들은 자녀에게 따뜻하고 부드럽게 대한다. 자녀가 요구하는 일에 거절하기 어려워하며 지나치게 허용적이거나 잘 들어준다. 규범이나 규칙을 세우고 지키는 일이 자신도 어려울 뿐 아니라 자녀들에게 요구하지도 않는다. 집안이 어지럽고 책상정리가 안되어도 당연하게 받아들인다. 자녀들이 버릇없다는 말을 듣는다. 정이 많아서 때로는 지나치게 집착하는 경향도 있다. 어디에 있는지, 무엇을 하는지, 시시콜콜 확인하려고 한다. 인정욕구가 강한 사교형은 자녀들에게까지 인정받고자 노력한다. 인기 있는 엄마, 아빠가 되고자 한다. 외식을 즐긴다.

안정형 S : Steadiness

안정형의 행동목표 3느 : 느리게, 느긋하게, 느림보

과업을 수행하기 위해서 자신이 직접 하기보다는 다른 사람들과 협력하고 다른 사람의 하는 일을 돕고자 한다. 성실하고 꾸준하다. 높은 협력성에 대한 욕구로 인해 양보와 타협, 순응, 중재 등의 행동을 보이면서 팀지향적으로 행동한다. 한 번에 한 가지씩 일을 처리하며 예측 가능하고 일관성있게 일을 수행한다. 반복적인 일에도 싫증을 느끼지 않고 참을성과 인내심을 발휘한다. 다른 사람들과 충돌이나 갈등을 일으키지 않고 남의 이야기를 잘 경청하며 타인의 욕구를 충족시키려 하고 조화로운 환

나를 이기는 힘을
키우는
나를 아는 지혜

경을 조성한다. 지속성과 일관성은 이들이 가지고 있는 큰 장점이며 이로 인하여 한 가지 분야에서 전문적인 기술을 개발한다. 충성심을 보이며 남의 말을 잘 듣고 흥분한 사람을 진정시킨다. 안정되고 편안한 환경을 좋아하며 스트레스 상황에서조차 평온함을 유지한다. 갈등이 적은 환경을 원하므로 지나치게 양보하거나 희생적인 이들은 무리하게 자기주장을 하지 않으며 적극적으로 자신의 의사를 표현하지 않고"아니오"라고 말하지 못한다. " 무엇을 도와드릴까요?" 라고 물으며 언제나 다른 사람을 돕고 지원하며 정중하게 대한다. 다른 사람의 눈에 띄거나 주목받는 것에 대해 부담스러워하기 때문에 모임의 뒷자리에 앉거나 소리 없이 조용히, 있는 듯 없는 듯, 자리를 지킨다. 이들의 의상도 역시 눈에 뛰는 밝은 컬러를 피하고 평범하고 편안한 컬러를 선호한다. 한 곳에 머무르는 성향으로 인하여 한 번 입사한 회사에서 끝까지 충성하며 퇴직할 때 까지 남아 충성심을 보이므로 그룹의 일원으로 인정받는다. 이들은 안정과 안전에 대한 기본적 욕구를 가지고 있으며, 언제나 조화롭고 균형감있는 환경을 조성한다. 안정성을 상실하는 것에 대한 두려움으로 변화가 없는 한 현상을 유지하려고 하며 불확실하고 예측 불가능하며 무질서한 환경이나 급격한 변화, 무리한 요구, 상호 적대적이거나 공격적인 상황에 대하여 두려움을 가지고 있다.

리더십스타일은 안정되고 꾸준하며 정해진 매뉴얼에 의해 행동한다. 팀원에게 필요한 것을 지원해주고 부여된 과제를 수행하도록 허용하며 서번트리더십을 실천한다. 일상적인 자신의 의사결정을 다른 사람에게 위임하고 결정사항에 따르고자 한다. 이들은 부하직원에게조차 지시적이거나 권위적이기 보다 편안하며 참여적 관리 스타일을 보인다. 쉽게 흥분하거나 큰 소리를 내거나 화를 내는 일이 없이 안정적인 감정상태를 유지하며 침착함과 안정감, 균형감을 추구한다. 이런 성향은 때때로 부하직원에게 의사결정에 있어서 우유부단하고 변화를 거부함으로 도전적이고 진취적이지 못하며 소극적이고 나약한 리더로 보여질 수 있음을 명심할 필요가 있다. 부하직원들은 오늘도 당신의 기분이 무엇 때문에 저기압인지 알 수 없어 불안하다. 말수가 적고 좀처럼 자기표현을 하지 않는 당신으로 인해 부하직원들의 답답증이 쌓여간다는 사실을 기억하라.

스트레스 상황에서는 겉으로 표현하지 못하고 속으로 혼자 삭히는 경향이 있다. 가슴형이지만 다소 내향성을 가지고 있는 이들은 다수의 사람들과 대화하기 보다는 자신을 깊이 이해해 줄 수 있는 소수의 사람과 대화를 통해 스트레스를 풀거나 차라리 침묵함으로 해결한다. 혼자서 조용히 휴식을 취하며 수면을 취하거나 T.V 시청 등 집안일을 하면서 스트레스를 해소하는 경향이 있다.

선호하는 환경은 예측 가능한 과제와 활동을 수행할 때, 일을 수행하는데 있어서 일정한 방식이나 매뉴얼이 주어졌을 때, 권한과 책임이 명확하게 구분되어 있을 때, 상호 호의적이고 비공식적인 협조관계가 이루어지며 개인적인 적대감이 최소화된 상황이나 일 마무리가 일관적인 상황에 동기부여 되며 불확실하거나 예측 불가능한 경우, 무질서한 환경이나 상호 적대적이고 공격적일 때, 비조직적이며 불확실한 결과로 상황이 불명확 할 때 동기가 감소되고 스트레스를 유발하며 가장 회피하고 싶은 환경이 된다.

시간관리에 있어서 워낙 느긋하고 여유 있는 당신은 조금 더 빠르게 일에 대하여 속도를 낼 필요가 있다. 가능한 빨리 시작하라. 주도형 상사일 경우 당신의 행동과 언어, 일처리 속도는 느림보, 답답이, 나무늘보처럼 보인다. 조금 더 서둘러라! 그러나 당신의 이런 여유는 당신 주변 사람들에게조차 그대로 반영되어 혹여 당신과의 약속에 지각할지라도 화를 내지 않고 아량으로 받아들인다.

안정형에게 필요한 협력자는 갑작스러운 변화에도 신속히 대응하며 어려운 과제를 척척 해결해나가는 사람, 결단력과 추진력을 갖추고 있는 사람, 한 가지 이상의 다양한 일에 참여하며 융통성 있고 일을 도전적이고 적극적으로 추진하는 사람, 주도형의 사람들이 이에 속한다.

업무방식에 있어서 이들은 절차와 순서를 중요시하며 현실적이고 반복적인 일에 잘 적응하여 공무원이나 교사직에 적합하다. 직장에서는 질서를 원하고 단계와 지침을 알 때까지 기다리며 구체적인 결과가 나올 때까지 프로젝트를 고수한다.

안정형을 관리하는 방식에 있어서 적절한 시점에 그들의 편안한 태도와 타인에 대한 지원과 협조적인 노력을 인정하고 칭찬해 주어라. 일에 대한 지침을 제공하고 끝까지 꾸준하게 해내는 점에 대해 인정해 주고 새로운 아이디어가 위험부담을 최소화 할 수 있음을 보여주어야 한다.

안정형의 약점으로는 타인과의 갈등을 지나치게 피하려고 하기 때문에 자신의 감정을 솔직하게 표현하는 일에 주저하며 불명확한 의사표현으로 오해를 불러일으키 기도 한다. 단호한 사람들의 강한 요구에 쉽게 양보하고 자신을 희생한다. 스스로 자존감에 손상을 입히고 감정적 상처를 초래한다. 속상한 일이 생겨도 표현하기 어려워 혼자 속 앓이를 하는 경우가 많다. 어떤 결정에 앞서 주저함으로 우유부단한 모습을 보인다.

개선하기 위해서 이들은 자신의 감정을 솔직하게 드러내고 표현하는 훈련을 거듭해야 한다. 자신 뿐만 아니라 타인을 위해서도 반드시 필요한 일이다. 명확하게 의사표현을 하라! 과감하게 거절하라! 빠른 속도로 업무를 성취하기 위하여 가이드라인을 정한다. 남이 시키는 일에만 집중하는 수동적인 태도보다는 능동적으로 시도하고 새로운 사람이나 새로운 일에 대하여 적극적이고 과감하게 도전하라.

안정형의 고객들은 불만이 있어도 겉으로 표현하지 않는다. 이들이 고개를 끄덕이는 이유는 만족스럽거나 좋다는 사인으로 받아들이면 안 된다. 자신의 감정이나 좋고 싫음에 대해 솔직하게 표현하기 어려운 이들은 마음에 들지 않더라도 싫다고 표현하지 않는다. 판매직원이 계속 따라다니며 과잉친절을 베풀면 할 수 없이 미안해서라도 구입을 하게 되지만 상품이 썩 마음에 들지 않으면 집에 가서 투덜대며 후회한다. 우유부단한 이들은 판매원이 권하는 상품에 마음이 약하여 구매결정을 하게 되지만 마음에 들지 않아도 직접 반품이나 환불 요청하기를 꺼려한다. 안정형의 고객과 오랫동안 관계를 유지해야 하는 경우라면 시간이 걸리더라도 본인이 만족스러운 상품에 대한 구매결정을 할 수 있도록 기다려주면 한 곳에서 한 사람에게 깊은 신뢰를 가지고 오랫 동안 고객으로서 좋은 관계를 유지하며 당신의 영업에 성공적인 고객이 되어 줄 것이다. 한 번 믿게 되면 끝까지 가는 고객이다.

안정형의 자녀들은 수업태도가 좋고 모범생이다. 수업 내용을 있는 그대로 수용하며 순종적이고 갈등을 피하므로 친구들과 싸우지 않고 잘 지낸다. 자기표현이 부족하므로 자발적인 발표는 거의 하지 않으며 노트 필기는 꼼꼼하게 잘 정리하는 편이다. 스스로 해야 할 일에 대해 결정하게 한다. 느리더라도 마무리는 잘 하는 편이다. 너무 느린 행동에 주도형 부모들은 답답하다고 소리지르거나 자녀가 내려야 할 선택을 결정하지 말고 끝까지 인내를 가지고 기다려줘야 한다. 빨리 하라고 독촉하면 오히려 역효과가 날 수 있다. "조금만 더 서둘러 볼까? 옳지! 잘 했어! 그 다음엔 뭘 하고 싶은지 말해보렴!' "현재 네 기분이 어떤지 말해줄래?' 라고하며 자신의 감정에 대해 솔직하게 표현하도록 이끌어주며 무엇을 선택해야 할 때 늦더라도 반드시 기다려주고 스스로 결정하도록 의사결정능력을 키워주어야 한다." 왜 그것을 결정하게 되었는지? 설명하도록 물어보며 훈련을 하도록 하라. 안정형의 자녀들은 평화와 안정을 요구한다. 갑자기 계획에 없던 일정이 생기면 혼란스럽다. 빨리 하라고 요구해도 스트레스를 받게 된다. 친구나 가족, 교사 등 타인과 갈등관계가 생기면 몹시 안절부절하며 힘들어 한다. 이럴 때 민감하게 알아차리고 편안하게 격려해 주는 센스 있는 부모의 역할을 잊지 말도록 하라.

안정형의 부모들은 온화한 미소로 자녀들을 대하며 평화로운 가정을 만들어간다. 잘못한 일이 있더라도 심하게 꾸짖거나 회초리를 드는 일이 거의 없다. 큰소리를 혐오하므로 낮고 작은 음성으로 부드럽게 타이른다. 그러나 자녀의 요구에 지나치게 허용적인 부모가 될 수 있으며 우유부단하여 일관적이지 못할 수 있다. 주도형의 자녀에게는 스스로 선택하고 결정하고 책임을 지도록 믿어주며 기다려 주는 것이 필요하다. 화가 나면 솔직한 감정을 배우자나 자녀에게 표현하라. 그것이 오히려 불필요한 오해를 줄일수 있다.

신중형 C : Conscientiousness

신중형의 행동목표 3실 : 확실, 성실, 충실

원칙중심의 사실주의자이며 완벽주의자다. 매우 신중한 이들은 실수하는 것을 싫어하기때문에 행동하기 전에 몇 번이고 검토하고 충분히 생각하며 높은 개인적 기준을 성취하고자 한다. 일의 완벽성과 정확성을 높이기 위해 기존의 환경 안에서 신중하게 일 하며 찬반과 긍정과 부정적인 면, 앞으로 발생될 장애요인까지 고려한다. 어떤 일이든 바르고 정확하게 수행되는데 관심이 많아 세세한 사항까지도 놓치지 않고 재확인하고 재검토한다. 분석적이고 과업지향적이며 완벽함과 정확성, 원칙과 절차를 중시하고 중요한 지시나 기준에 관심을 둔다. 양질의 품질을 요구하는 것에 의해 동기부여 되며 세부사항에 신경을 쓴다. 일의 수행을 위해 사전에 철저한 계획을 세우고 원칙과 기본에 충실하며 계획대로 진행하므로

나를 이기는 힘
타인을 아는 지혜

일에 대한 성과에 있어서 높은 결과물들을 내어 놓는다. 정확성을 점검한다. 높은 자제력과 책임감을 갖는다. 자신과 다른 사람에 대해 지나치게 기대가 높고 비판적으로 분석한다. 상황이나 활동에 체계적으로 접근하며 분석능력이 뛰어나 모순점이나 의문점을 찾아내어 지적한다. 업무를 수행할 때 기준이 명확하다. 상대적으로 인간적 요소는 다소 부차적으로 치부하며 사람들의 '감정'이란 객관성을 왜곡할 수 있기 때문에 이에 대해서도 논리적이고 분석적으로 접근하는 경향이 있다. 왜? 라는 질문을 요구한다. 전문기술과 성취를 인정받고자 하는 욕구가 강하나 통제를 못하여 책임지는 일이나 결과가 미흡 할 때, 타인으로부터 비판을 받게 될까봐 두려워한다. 혼란스럽고 체계적이지 못한 행동에 대해서 강한 거부감을 갖는다.

선호환경으로는 업무수행에 있어서 구체적인 피드백이 주어지거나 명확한 계획과 절차가 세워져 있을 때, 조용하고 사적인 업무공간이 주어질 때 이들은 보다 더 업무에 충실할 수 있으며 설정한 기준에 맞추어 과제를 완수할 충분한 시간이 제공될 때, 일의 정확성, 완벽성에 영향을 주는 요인들을 통제할 수 있을 때, 올바른 상태가 유지될 때, 논리적이고 체계적인 접근을 할 때, 급작스런 변화가 없을 때 업무에 대한 동기가 증가한다. 반면에 과제수행 할 수 있는 충분한 시간이 없을 때, 사적인 시간을 방해받거나 지나치게 사교적인 활동을 요구받을 때, 자신의 업무수행에 대해 타인으로부터 비판 받을 때 동기가 감소되고 회피하고 싶은 환경이 된다.

리더십스타일은 계획을 세우고 기준과 절차에 따라 정확하게 실천했는지 완전한 업무절차를 원하며 이를 확인하고 진행사항을 통제하고자 한다. 실패에 대한 사전점검에 철저하여 위기관리능력이 뛰어나다. 일에 있어서 정확성, 논리성, 명확성, 일관성과 체계성 등에서 강점을 가지고 있는 신중형 리더들은 높은 품질을 요구하는 만큼 완벽을 요구하다보니 일의 진행속도가 매우 느리다. 이들은 '준비' 와 '조준' 하는 일에 많은 시간을 할애하다보니 '발사' 할 기회를 종종 놓쳐버릴 수 있음을 명심하라! 당신의 요구하는 수준에 미치지 못할지라도 만족하라. 주도형의 부하직원일 경우 신중형 리더의 철저하고 정확함, 완벽주의에 숨 막힐 수 있지만 당신의 약점이라고 여기고 상사인 리더에게 맞추기 위해 노력한다면 당신의 직장생활에 매우 유익한 기간이 될 수 있다. 사교형의 부하직원 역시 당신의 덜렁거림과 비체계적이고 비계획적인 생활을 뜯어 고칠 수 있는 절호의 기회라고 여기며 신중형 리더에게 충성하라. 당신의 오랜 직장생활에 몸에 좋은 보약을 먹음과 같을 것이다. 그러나 신중형의 리더는 주도형에게 위임하고 사교형에게 칭찬하고 안정형에게 격려하라. 당신의 인색한 칭찬과 지나친 요구로 당신의 부하직원들은 오늘도 업무스트레스로 인한 위장병을 앓게 될지 모른다.

스트레스를 받게 되면 그 원인이 무엇인지 규명하고자 한다. 정확, 철저함을 스스로 요구하는 이들에게 일에 대한 잘못을 비난 할 때, 스스로 결과가 미흡하다고 생각될 때, 자신의 기준에 맞추어 과제를 완수할 충분한 시간 여유가 없을 때, 이들은 매우 스트레스 상황에 처하게 된다. 이들이 스트레스를 해결하는 방법으로는 산을 오르거나, 산책을 하거나 책을 읽거나 음악을 들어도 혼자 하기를 선호한다. 필자가 만나본 신중형의 거의 모든 사람들이 혼자 있는 다고 답했다. 신중형의 배우자는 남편이 스트레스 상황에 처해 있다면 조용히 혼자 있도록 배려하라. 이들에게 사교형이 다가가서 위로한다고 많은 이야기를 하는 것은 오히려 역효과 이다. 가족조차 곁에 있는 일이 부담으로 여겨지기 때문이다.

시간관리에 있어서 너무 정확하고 철저하게 완벽한 일처리를 요구하다보니 행동을 취할 때까지 너무 많은 시간이 허비된다. 세세한 것에 대한 분석 시간과 계획을 세우는 일 때문에 일에 대한 속도가 너무 느리다. 계획보다는 실천이 중요하다. 방법이나 절차보다는 사람이 더 중요하다는 사실을 기억하라.

신중형에게 필요한 협력자는 중요한 업무를 위임할 수 있는 사람이며 빠르게 의사결정을 할 수 있는 주도형과 같은 사람, 가이드 라인만으로 정책이나 업무를 수행할 수 있는 사람, 반대 의견과도 타협 할 수 있는 사람, 토론을 주도하고 촉진 하며 팀웍을 격려하는 사교형과 같은 사람이 곁에 있으면 많은 도움이 될 수 있다.

신중형을 잘 관리하는 방법으로는 간접적이고 온화한 방식으로 접근하며 문서로 된 객관적인 데이터와 자료를 제시하라. 충분한 설명과 이론적 근거, 논리적인 설명을 덧붙여라. 결정하기 전에 충분히 질문하고 점검할 기회와 시간적 여유를 제공하라. 그들의 정확 철저한 일처리, 완벽한 업무수행에 대해 칭찬하라. 그러나 신중형은 다른 사람을 칭찬하는 일에 인색하기도 하지만 자신이 지나치게 많은 칭찬을 받는 일도 어색해 한다. 적당하게 칭찬하라.

신중형의 약점과 개선 할 점으로는 지나친 완벽주의이다. 자신 뿐만 아니라 타인에게조차 완벽함과 정확 철저함을 요구하게 된다. 자기 자신이나 타인에 대해 높은 기대를 가지고 있는 이들은 그 기대에 못 미칠 경우 비판적인 행동을 하게 되며 잔소리로 이어진다. 너무 신중한 태도는 무슨 일이든 오랜 시간을 소요하게 되며 실행 기회를 놓치기도 한다. 지나치리만큼 분석적인 태도는 세세한 것에 집착하게 한다. 자기표현에 있어서도 지나치게 신중하고 절제되어 있어서 비사교적이거나 냉소적이며 방어적으로 비춰지고 차거운 인상을 주어 타인들이 접근하기 어렵고 힘들어 한다. 긴장을 완화하라. 유머를 억지로라도 개발하라. 사교적인 사람이 되기 위해 적극적으로 노력하라. 지나치게 분석하지 말라. 얼굴에 미소를 띄우기위해 노력하라. 그러나 당신의 표정은 잘못하면 비웃는 것처럼 보일 가능성이 있기 때문에 밝고 명랑한 웃음을 만들도록 노력하라.

신중형의 자녀들은 시간을 잘 지키고 시험이나 과제에 민감하다. 매사에 의문을 던지며 궁금해 하고 세부사항에 구체적인 질문을 한다. 친구들과 함께 있는 것을 불편하게 여기며 혼자 독립적으로 공부하기를 선호한다. 노트정리를 꼼꼼하게 하며 신 학기가 되면 계획을 세우는 일에 많은 시간을 보내기도 한다. 과제하는데 완벽하게 하려다보니 많은 시간이 걸린다. 성실한 모범생이며 애어른이라고 한다. 자신의 일을 스스로 알아서 성실하게 해내는 자녀의 모습에 칭찬과 아울러 폭 넓은 친구관계를 갖고 사회성을 높일 수 있도록 지도하는 것이 필요하다.

신중형의 부모들은 자신의 자녀가 완벽하게 모든 것을 잘 해주길 기대한다. 학교나 가정, 사회에서 예의바르고 인정받는 모범생이 되라고 요구한다. 다른 사람들로부터 자녀교육을 잘못시켰다는 비난을 받을까 두려워하므로 자녀들의 잘못된 행동이나 실수를 허용하기 힘들고 잔소리를 많이 하게 된다. 사교형의 자녀라면 자신을 이해하지 못한다고 힘들어하며 반발하게 되고 신중형의 부모는 자녀가 잘못되거나 버릇없다며 부모자녀 간 감정상태가 악화된다. 자녀와 좋은 관계를 유지하는 일이 장기적으로 볼 때 성공적인 자녀양육방법이 될 것이다. 신중형 부모는 특히 자녀들의 특성을 잘 파악하여 유형에 따른 대응방법을 익힐 필요가 있다. 당신의 완벽함을 자녀에게 기대하지 말라. 당신의 잔소리를 이전보다 절반으로 줄이면 당신의 자녀도 함께 달라질 것이다.

신중형의 고객은 구매할 상품에 대한 사전조사를 이미 마치고 구매결정을 한 후 매장에 온다. 비교해보기 위해 여러 매장을 방문할 것이다. 이때 상품에 대한 철저한 정보를 구체적인 사실과 함께 신뢰감 있게 설명하도록 하라. 장기간 사후 서비스에 관해 언급하라. 그들의 질문에 대응할 수 있는 사전 준비를 철저히 하라. 만약에 사전에 시간 약속을 했다면 반드시 약속을 지켜라. 지나치게 친절하거나 부드러운 태도에 오히려 부담스러워 한다. 성실과 신뢰를 줄 수 있도록 노력하는 것이 더 중요하다. 구매결정을 독촉하지 말라. 충분히 검토하고 난 후 구매결정을 할 수 있는 시간적 여유를 주어라.

나의 DISC 행동유형 이해하기

◎ 나의 DISC 유형별 특성 이해하기

(   ) 유형

장점 :

1)

2)

3)

약점 :

1)

2)

3)

보완점 :

1)

2)

3)

보완하기 위한 행동실천전략 :

1)

2)

3)

나의 행동유형에 맞는 리더십을 개발하기 위한 전략

1)

2)

3)

4)

5)

5. MBTI 유형별 자기이해

5. MBTI (Myers-Briggs Type Indicator) 유형별 자기이해

MBTI는 C.G.Jung의 심리유형론을 근거로 하여 Katharine Cook Briggs 와 Isabel Briggs Myers가 보다 쉽고 일상생활에 유용하게 활용할 수 있도록 고안한 자기보고식 성격유형지표이다. Carl Gustav. Jung (1875-1961) 은 각 개인마다 다르게 표현되는 세 쌍의 작용들에 대하여 이야기하고 있는데 외향-내향, 지각-직관, 사고-감각 이 있다는 전제에서 출발한다. 미국의 이사벨 브리그스 마이어스 (Isabel Briggs Myers)와 마이어스 - 브리그스 (Myers Briggs) 는 한 쌍의 작용을 더하여 (판단-지각 : 빠르고 정확한 판단과 결정을 내리는 성향 - 많은 영향과 정보의 종류에 대한 수용성) 열 여섯 개의 유형들을 구분하는 성격지표를 발전시키게 되었다.

융의 심리유형론은 인간행동이 그 다양성으로 인하여 종잡을 수 없는 것 같이 보이지만 사실은 아주 질서정연하고 일관된 경향이 있다는 데서 출발하였다.

그리고 인간행동의 다양성은 개인이 인식(Perception)하고 판단(Judgement)하는 특징이 다르기 때문이라고 보았다. MBTI는 인식과 판단에 대한 융의 심리적 기능이론, 그리고 인식과 판단의 향방을 결정짓는 융의 태도 이론을 바탕으로 하여 제작되었다. 또한 개인이 쉽게 응답할 수 있는 자기보고(self report) 문항을 통해 인식하고 판단할 때의 각자 선호하는 경향을 찾고, 이러한 선호경향들이 하나하나 또는 여러 개가 합쳐져서 인간의 행동에 어떠한 영향을 미치는가를 파악하여 실생활에 응용할 수 있도록 제작된 심리검사이다.

MBTI의 활용분야는 일상생활 및 개인상담에서 자기이해, 자기개발과 대인관계에서 가족이해와 친구, 동료에 대한 이해를 높이고 관계를 개선하는데 활용될 수 있으며 진로 및 직업을 선택하기에 앞서 개인의 특성을 반영한 진로결정에 도움을 줄 수 있고, 학교 및 교육분야에서 교육과정이나 교육방법, 학습방법을 개발할 때에도 유용하게 사용될 수 있다.

경영분야에서 조직관리나 인사배치, 직무적성탐색 등에 사용될 수 있으며 조직 내 갈등관리, 의사소통기술, 조직개발, 팀빌딩, 리더십훈련 등에도 매우 유익하게 활용되고 있다. 인터넷을 통하여 많은 정보들을 접할 수 있는 요즈음 필자가 현장에서 컨설팅하면서 한국심리검사연구소에서 구입한 검사지를 사용한 후 온라인에서 접할 수 있는 간편 검사도구를 재검사했을 경우 일치하지 않는 경우가 종종 있었으므로 반드시 정식검사지를 사용할 것을 권하며 검사 후 정확한 검사결과에 대한 전문가의 해석을 듣고 자기탐색을 실시한 후 자신에 대한 참유형을 발견함으로 정확한 자기이해에 도움이 되어야 할 것이다.

본서에서는 한국MBTI연구소와 (주)어세스타 교육 자료집에서 일부 인용한 선호지표에 대한 개괄적 설명을 참고로 하여 게재하였으나 반드시 전문가를 통한 진단과 해석을 듣고 정확한 이해를 높일 수 있는 기회를 가질 수 있기를 권한다.

아래 각 문항에 대하여 자신에게 보다 더 가깝다고 생각되는 것을 합계하여 아래 공란에 숫자를 기입하고 큰 숫자의 영문을 조합하면 자신의 4가지 선호유형으로 간주해볼 수 있다.

네 가지 조합의 알파벳 첫 글자는 다음의 단어들을 약자로 표현한 것이다.

I : 내향 (Introversion)   E : 외향 (Extraversion)

S : 감각 (Sensing)   N : 직관 (iNtution)

T : 사고 (Thinking)   F : 감정 (Feeling)

J : 판단 (Judging)   P : 인식 (Perception)

　　즉, E와 I중 큰 숫자를 1개 택하고 S와 N중 한 개를 택하며, 마찬가지로 T와 F중 한 개와 P와 J중 큰 숫자를 한 개씩 각각 선택하여 조합하면 자신의 유형이 나오게 되며 자신에게 해당되는 란에 큰 숫자의 알파벳을 기입하여 네가지 알파벳을 조합하면 다음과 같이 16가지 유형으로 분류해 볼 수 있으며 각 유형은 ISTJ, ISTP, ISFJ, ISFP, INTJ, INTP, INFJ, INFP, ESTJ, ESTP, ESFJ, ESFP, ENTJ, ENTP, ENFJ, ENFP 등으로 나타난다.

외향 : Extraversion - 감정 : Introversion

E 사고	감정
주의집중 - 자기외부	주의 집중 - 자기내부
외부활동과 적극성	내부활동과 집중력
폭넓은 대인관계(다수)	깊이 있는 인간관계(소수)
말로 표현	글로 표현
소모에 의한 에너지충전	비축에 의한 에너지충전
사교성, 인사	자기공간
여러 사람과 동시에 대화	1:1대화
정열적, 활동적	조용하고 신중
경험한 다음에 이해	이해한 다음에 경험
쉽게 알려짐	서서히 알려짐

E: _____   I: _____

감각 : Sensing - 직관 : intuition

S 감각	직관
오감(五感)	육감(六感)
주의초점 - 지금, 현재	주의초점 - 미래가능성
실제의 경험	아이디어
사실적이고 구체적	상상적이고 영감적
실태파악	가능성과 의미추구
현실수용, 나무를 봄	미래지향, 숲을 봄
정확철저(일 처리)	신속비약(일 처리)
일관성과 일상성	변화와 다양성
사실적 사건묘사	비유적, 암시적 묘사
관례에 따르는 경향	새로운 시도경향

S: _____   n: _____

사고 : Thinking - 감정 : Feeling

T 사고	관심의 주제 - 사실, 진실	관심의 주제 - 사람, 관계	감정 **F**
	객관적 진실	보편적인 선
	원리와 원칙	의미와 영향
	논리적	상황적
	분석적	포괄적
	간단명료한 설명	정상을 참작한 설명
	지적논평을 선호	우호적 협조
	객관적 판단	주관적 판단
	원인과 결과가 중요	좋다, 나쁘다가 중요
	규범과 기준을 중시	나에게 주는 의미

T: _____   F: _____

판단 : Judgement - 인식 : Perception

J 판단	체계적	자율적	인식 **P**
	정리정돈과 계획	상황에 맞는 개방성
	의지적 추진	이해로 수용
	신속한 결론	유유자적한 과정
	통제와 조정	융통과 적응
	분명한 목적의식	목적과 방향의 변화
	분명한 방향감각	환경에 따른 변화
	뚜렷한 기준과 자기의식	결론보다는 과정을 즐김

J: _____   P: _____

ISTJ (세상의 소금형)

내향성 감각형 (신용가, 절약가, 보수파, 준법자)

S(주기능), T(부기능), F(3차기능), N(열등기능)

세상의 소금형이라 할 수 있는 ISTJ 형은 매사에 정확하고 치밀하며 체계적이고 사실적이다. 자신에게 맡겨진 일에 대하여 의무감과 책임감이 강하고 성실하며 보수적이어서 때로는 권위적인 사람으로 보인다. 실용적이며 절차나 규범을 중요시한다. 세부사항에 집착하며 반복되는 일상적인 일에 적응력이 강하고 어지간한 위기상황에서도 이성적으로 대처하여 감정변화가 얼굴에 잘 드러나지 않는다. 그들이 어떤 사람인지를 알게 되기까지 많은 시간이 걸린다. 직장에서나 가정에서 모두 조용하고 진지하다. 인내심이 강하고 믿을만한 사람이다. 부모로서는 자녀들에게 일관적이고 규율이 엄하다. ENFP자녀들은 ISTJ 부모가 너무 엄하고 규율과 규범을 중시하며 자신에게 지나치게 잔소리가 많다고 생각 한다. 그러나 ISTJ부모는 ENFP자녀가 너무나 산만하고 무절제하며 자유로운 생활방식이 이해하기 어렵다고 생각한다. 서로에 대해 조금씩 양보하고 이해하는 노력이 필요하다.

ISTJ의 적합 직업

은행원, 회계사, 조세감독관, 사무원, 법무사, 병원사무장, 도서관관장, 상업, 경제, 보건의료분야, 내과의사, 치과의사, 약사, 교육행정분야, 기술시스템 관리 분야, 컴퓨터제도사, 건축설계가, 건축표준전문가, 감리기술자, 보석세공원, 도로교통계획설계가, 전문서류번역가, 법무담당사무원, 계리사, 검안사, 석유화학공학기술자, 웹기획자, 의료장비수리원, 공중보건의사.

ISTJ 의 보완할 점

1. 타인에 대해서도 자신과 같이 논리적이고 분석적이라고 생각하기 쉬우며 타인의 민감한 감정과 상상력과 추상적인 직관력에 대하여 인정하고자 하는 노력이 필요하다.
2. 지나치게 현실적인 면이 있으므로 장기적인 안목을 키울 필요가 있다.
3. 자신의 생각이 항상 옳다고 생각하는 편견이나 고집에서 떠날 필요가 있으며 다른 대안과 의견을 수용할 수 있어야 한다.
4. 지나치게 일 중심적이어서 자신에게 맡겨진 직무이상으로 책임을 지고 나서며 일에 대한 지나친 집착에서 유연해질 필요가 있다.

ISTP (백과사전형)

내향성 사고형 (낙천가, 소비가, 모험파, 개척자)
T(주기능), S(부기능), N(3차기능), F(열등기능)

백과사전형인 ISTP형은 논리적이고 분석적인 자신과 직접적인 관련이 없는 상황이나 사람에 대해 직접 관여하기보다는 관찰자 입장에서 사실에 기초하여 객관적으로 비판한다. 현실감각이 뛰어나며 자신을 쉽게 개방하지 않으며 대체로 많은 사람들과 사귀는 것을 꺼려하기 때문에 독립적인 일을 선호한다. 언어구사능력에 있어서 서투른 면이 있다.' 도구사용의 대가' 라고 할 만큼 도구를 잘 다루는 이들은 개인적인 관심과 충동에 있어서 손재주가 뛰어나고 스포츠와 야외에서 노는 놀이에 있어서 끝없는 충동과 스릴을 즐긴다. 현실감각이 뛰어나고 임기응변이 풍부하다. 동료애에 있어서 평등주의자이며 자유분방함의 욕구가 강한 이들은 행동으로 끊임없이 자극을 추구하는 자신의 일에 있어서는 지루함을 모른다. 그러나 자신의 관심분야가 아니면 지나치게 편의적인 노력절약형이다.

ISTP 의 적합직업

보건의료분야, 운동생리학자, 방사선과, 응급 구조사, 치위생사, 과학분야, 기계 기술 분야, 기술교사, 전기 · 기계 · 엔지니어링 분야, 정보서비스 개발자, 소프트웨어개발자, 컴퓨터 프로그래머, 시스템엔지니어, 자동차공학기술자, 측량기사, 전자 제품 전문가, 컴퓨터 수리원, 토목기사, 법률분야, 경제학자, 증권분석가, 마케팅, 판매, 통계분야, 컴퓨터공학기술자, 자연과학연구원, 수학 및 통계연구원, 은행원, 목수, 자동차 판매원, 자동차정비원, 카레이서, 조종사, 항공기 정비사, 프로게이머, 게임기획자, 건축 및 토목캐드원, 영상녹화 및 편집기사, 치과위생사, 치과기공사, 경찰, 교도관, 사립탐정, 정보요원, 법원집행관, 소방관, 스포츠장비판매원, 물류관리사, 네트워크 통합 전문가, 증권분석가, 구매대행인, 미술가

ISTP의 보완할 점

1) 열정적인 적극성을 키울 필요가 있다.
2) 자신을 개방하고 자신의 생각이나 감정을 표현하려고 노력하라.
3) 타인의 정서에 민감해져라.

ISFP (성인군자형)

내향성 감정형 (예술가, 온정가, 낙천가, 연기자)

F(주기능), S(부기능), N(3차기능), T(열등기능)

성인군자형인 ISFP형은 마음이 따뜻하고 부드러우며 타인의 감정에 민감하다. 타인의 고통에 민감한 이들은 자신의 도움을 필요로 하는 이들에게 기꺼이 헌신하는 것을 귀중한 가치로 삼는다. 자신이 관심 갖는 일에 대해서는 완전함을 추구한다. 수줍어하며 겸손한 이들은 자신에 대해 과소평가하는 경향이 있으므로 자신감을 키울 필요가 있다. 감각을 통한 커뮤니케이션을 선호함으로 언어를 통한 자기표현을 적극적으로 개발할 필요가 있다. 그러나 언어표현을 대신하여 손으로 나타내는 수작업이나 예술로 대신하여 표현하는 능력이 뛰어나기 때문에 타고난 예술가적 기질을 발휘하기도 한다. 감각이 뛰어난 이들은 매우 현실적이며 품위가 있고 낙천적이다. 동료애가 강하고 평등주의자이며 자유로움을 갈망하는 이들은 구속되는 것을 싫어한다.

ISFP의 보완할 점

1. 매사에 결정하지 못하여 우유부단하게 보이므로 의사결정능력을 길러라.
2. 느린 행동으로 인해 게을러 보일 수 있으므로 신속함과 빠른 행동력을 길러라.
3. 낙관적인 이들은 늘 여유가 있지만 사전에 치밀한 계획과 준비를 해라.
4. 감정에 치우침이 없이 분석적이고 객관적인 비평능력을 가져라.

5. 언어를 통한 자기표현을 적극적으로 개발하라.
6. 자기주장이나 의사표현을 분명히 밝히고 타인의 감정에 지나치게 민감하지 말아라.

ISFP의 적합직업

교육분야, 초등학교교사, 상담가, 작가, 의료분야 간호사, 의사, 소아과의사, 제약회사연구원, 성직자, 사회사업가, 수공예 작품가, 조각가, 예술분야, 패션디자이너, 한복디자이너, 인테리어디자이너, 조경디자이너, 도예가, 조리사, 동물사육사, 수의사, 만화가, 애니메이터, 고전무용가, 문화재보존처리전문가, 문화재보수전문기술자, 작업치료사, 의료방사선기사, 임상병리사, 출판물번역가, 문서보관원, 사서, 인물사진작가, 풍경사진작가, 청소년, 아동복지상담원, 단순노무종사자, 가정방문간호사, 생물학자, 지질학자, 청소대행업자, 행정원

ESTP (수완 좋은 활동가형)

외향성 감각형 (활동가, 주창자, 수완파, 촉진자)
S(주기능), T(부기능), F(3차기능), N(열등기능)

수완 좋은 활동가형인 ESTP 들은 현실적인 문제해결에 능하며 적응력이 강하다. 기계 다루는 일이나 운동을 좋아하고 친구 사귀기를 좋아한다. 근심이 없고 어떤 일이든 즐길 줄 알고 적응력이 강하고 관용적이며 보수적인 가치관을 가지고 있다. 연장이나 재료들을 다루는데 능숙하여 기계의 분해 또는 조립과 같은 실제적인 일을 잘 다룬다. 사실적이고 관

대하며 개방적이고 사람이나 일에 대한 선입관이 별로 없다. 긴장을 완화시키거나 서로에 대하여 갈등을 느끼는 사람들을 잘 화합시킬 수 있다. 길게 설명하는 것을 싫어하지만 논리적이고 분석적으로 일을 처리하고 추상적인 아이디어나 개념보다는 강한 현실감각으로 타협책을 모색하고 문제를 해결하는 능력이 뛰어나다. 직접적인 경험을 통해 배우는 것을 선호하는 형으로서 운동, 음식, 다양한 활동 등 주로 오관으로 보고, 듣고, 만질 수 있는 생활의 모든 것을 즐기는 형이다. 배우자로써 이들은 바깥일에 관심이 많고 외부행사를 수완 있게 잘 해낸다. 끊임없는 재치와 농담으로 주변을 즐겁게 만든다. 그러나 가족보다는 지나치게 친구들에게 잘 해주기도 하여 배우자로부터 불만을 갖게 하기도 한다.

ESTP의 보완해야 할 점

1. 새로운 일을 시작할 때 구체적인 계획을 사전에 철저하게 세워라.
2. 끈기와 인내를 가지고 시작한 일에 대하여 끝까지 마무리하는 악착스러움을 육성하라.
3. 자신의 독단성으로 인해 타인의 감정에 민감할 필요가 있다.
4. 물질적인 이면에 즐거움과 유익을 알 수 있도록 노력하라.

ESTP의 적합직업

경찰, 형사, 교도관, 사립탐정, 보험사기조사관, 요식업 운영 및 종사자, 스포츠관련분야, 건강공학, 소방관, 스포츠해설가, 신용조사, 마케팅, 건축, 생산, 레크레이션 진행자, 기자, 분쟁조정, 네트워크 통합전문가, 인터넷쇼핑물구축자, 게임딜러, 여행사직원, 여행상품기획자, 이벤트기획자, 영화전문홍보가, 풍자만화가, 스포츠마사지사, 건축시공엔지니어, 프로운동선수, 무용수, 레이싱걸, 주식중개인, 경매인, 중도매인, 대중가요가수, 조종사, 선장 및 항해사, 식품공학기술자, 인터넷쟈키, 조리사, 파티쉐 제과제빵사, 바텐더, 의료관련직업, 부동산중개인, 응급구조원, 비행기승무원, 스포츠상품판매원, 개인투자상담사, 은행원, 투자가, 보험모집인, 예산분석, 목수, 농부, 건축노동, 엔지니어, 전기기사, 기술훈련강사, 물류관리사, 토목기사, 공업 및 기계엔지니어, 측량기사, 방사선과기사, 항공사정비사, 기업가, 토지개발업자, 도·소매상, 경영컨설턴트, 프랜차이즈사업가

ESTJ (사업가형)

외향성사고형(행정가, 운영자, 사업가, 추진가)

T(주기능), S(부기능), N(3차기능), F(열등기능)

사업가형이라고 불리는 ESTJ 유형은 구체적이고 현실적이며 사실적인 활동을 조직화하고 주도해나가는 능력이 뛰어나다. 실용성이 없는 일에는 관심이 없지만 필요할 때에는 응용 할 줄 안다. 실질적이고 현실감각이 뛰어나므로 행정 분야에 탁월한 재능을 지녔으며 체계적으로 사업체나 조직체를 이끌어 나가는 타고난 지도자로써 일의 목표를 설정하고 지시하고 결정하며 이행하는 능력이 있다. 미래의 가능성보다는 현재의 사실을 추구하기 때문에 현실적이고 실용적인 면이 강하다. 외부환경과 잘 조화한다. 사회를 잘 이해하고 조직체내에서 대들보 역할을 한다. 이들은 늘 책임감 있고 성실하며 규정에 따라 조직하고 그 규정과 법규를 다루는

데 탁월하다. 신뢰할 만하고 일관성이 있으며 남에게 보이는 그대로가 이들 인격의 전부이다.

ESTJ의 보완할 점

1. 타인의 관점에서 사고하고 감정흐름에 민감하며 타인의 의견을 경청하고 수용하도록 노력하라.
3. 성급하게 속단 속결하는 경향이 있으므로 신중하고 차분한 의사결정을 하기위해 노력하라.
4. 지나치게 업무 위주로 사람을 대하는 경향이 있으므로 인간가치에 중점을 두어라

ESTJ의 적합 직업

결과를 눈으로 볼 수 있는 일과 표준절차를 이행하는 일을 선호한다. 사업가, 행정관리공무원, 오피스매니져, 구매담당자, 물류관리사, 경영컨설턴트, 경영분석가, 경영진단전문가, 기업분석가, 감사, 인사담당자, 노사관계전문가, 헤드헌터, 산업훈련전문가, 프로젝트매니져, 도시계획설계가, 교통안전연구원, 법률사무장, 보험세일즈맨, 경매인, 위탁중개인, 주식중개인, 행정학연구원, 공장감독, 보건의료정보관리자, 약사, 의료기사, 공무원, 정당, 정치인, 군인, 장교, 경찰, 학교장, 국제회의전문가, 경호원,데이터베이스관리자, 건축감리기술자, 급식관리영양사, 실업팀프로운동선수, 약품 판매원, 컴퓨터분석가, 회계감사원, 기술고문, 은행원, 프로젝트관리자, 신용분석가, 의료행정원, 물류관리사, 상담원, 치과의사, 판사, 임원, 학교교장, 기업재정변호사

ISFJ (임금 뒷 편의 권력형)

내향성감각형 (보호자, 관리자, 공급자, 봉사자)

S(주기능), F(부기능), T(3차기능), N(열등기능)

    임금님 뒤편의 권력형인 이들은 책임감이 강하고 온정적이며 헌신적이다. 실용적이고 정확성을 요구하는 일에 뛰어나다. 맡은 일에 헌신적이며 매사에 정확철저하고 성실하여 조직이나 집단에 안정감을 가져다준다. 그러나 기계분야에 대한 관심은 적다. 이들은 역사감각이나 과거의 사건과 연관성을 계속해서 포착하는 감각이 뛰어나다. 쾌락주의의 기질이 가장 약하여 근로의 가치를 믿으며 휴식도 생산적이어야 한다고 생각한다. 장시간 일하기를 좋아하며 일을 맡으면 최대한 마무리 한다. 절약하고 예상치 못한 경우나 비상사태에 대비하는 일은 이들에게 매우 중대한 일이다. ISFJ형은 잘난체하는 것을 아주 싫어하며, 겸손하고, 조용한 친구를 좋아한다.

ISFJ의 개발할 점

1. 동정심이 많은 이들은 다른 사람의 정서와 감정에 민감하여 자신의 감정을 명확하게 표현하는 일이 어렵게 느껴질 수 있으므로 솔직한 자기표현을 훈련하라.
2. 명령하고 지시하는 역할에 익숙해지도록 노력해야 한다.
3. 자신의 견해를 남에게 발표할 때 충분한 확신을 갖지 못한 것처럼 보이기 쉽고 조용하고 표면에 나서지 않는 경향 때문에 저평가 되기 쉬우므로 상황에 대하여 충분한 판단이나 비판력을 키울 필요가 있다.

ISFJ의 적합직업

세심한 관찰력과 인간에 대한 관심을 연결할 수 있는 직업에 적합하며 정확성과 조직에 관한 강한 관심 때문에 감독직을 맡기도 한다. 의료직, 교육행정담당자, 유치원교사, 초등학교 교사, 특수교육교사, 종교교육자, 사무직, 서비스나 사회사업, 비서직, 고객서비스 대행업자, 의사(종합의사), 문서 보관인, 도서관직원, 중간관리직, 부동산중개인, 비서, 예술가, 큐레이터, 공예품디자이너, 기상연구원, 음악치료사, 음악가, 조경기사, 치과의사, 치위생사, 물류관리사. 특수학교교사, 사회복지사, 개인상담원, 직업상담원, 아동복지상담원, 약물중독상담원,치위생사, 가족주치의, 간호사, 의료기사, 물리치료사, 의료장비 판매원, 보건의료행정원, 식이요법사, 영양사, 안경사, 진료기록 관리자, 약사, 방사선과 기사, 호흡치료사, 수의사, 치과보조원, 언어치료사, 보호감찰관,측량사, 삼림감시원, 식물학자, 지질학자, 수리공, 해양생물학자, 고고학자, 인사행정가, 컴퓨터 조작원, 신용상담원, 법률보조원, 가정의료상품판매원, 실내장식가, 전기기사, 소매점 주인, 여관운영자

ESFJ (친선 도모형)

외향적 감정형 (사교가, 봉사자, 친선도모자, 협조자)

F(주기능) S(부기능) N(3차기능) T(열등기능)

친선도모형인 ESFJ 형 마음이 따뜻하고 동정심과 동료애가 많다. 이야기하는것을 좋아하고 양심 바르며 인화를 잘 이룬다. 사람들에게 인기가 있고 다른 사람들을 잘 돕는다. ESFJ형은 감각기관에 의해 인지된 사실들

에 주된 관심이 있으므로 실용적이며 현실적이고 실제적이다. 집단에서는 능동적이고 항상 남에게 잘 해주며 격려나 지지를 받으면 일에 더 열중하고 타인으로부터의 비판에 민감하다. 사람들에게 직접적이고 가시적인 영향을 줄 수 있는 일에 가장 관심이 많다. 일이나 사람들에 대한 문제에 대하여 냉철한 입장을 취하는 것을 어려워한다. 반대 의견에 부딪혔을 때나 자신의 요구가 거절당했을 때 마음의 상처를 받는다. 대화가 철학적, 과학적, 추상적인 것으로 변하면 꺼리고 싫어하며 사상이나 원칙보다는 사람과 유형물에 초점을 둔다. 타고난 협력자로써 이야기하기를 즐기며 정리정돈을 잘 한다.

ESFJ의 적합직업

서비스 분야에 매우 적합하며 ESFJ는 사람을 잘 다루고 행동을 요구하는 분야에서 능력을 발휘한다. 특히 따뜻함과 동정심을 필요로 하는 의료직, 환자를 돌보는 분야에서 능력을 발휘한다. 이들은 또 교육, 감독, 관리, 지도 등 사람과 사람을 대하는 직업에는 무엇이나 잘 해낸다. 가장 훌륭하고 따뜻한 교사이다. 컨시어즈, 교사, 비서, 상담직, 간호원, 병원코디네이터, 물리치료사, 교육강사, 사회복지사, 파티플래너, 메이크업아티스트, 동물조련사, 수의사, 성직자, 유통관리자, 부동산컨설턴트, 비행기승무원, 소방관, 스포츠에이전트, 식품영양사, 심리치료사, 임상심리사, 언어치료사, 공중보건의사

ESFJ의 개발할 점

1. 관심을 가진 사람이나 일에 관한 문제에 대하여 진실을 인정하는 것이 어렵다. 동의할 수 없는 사실과 상처를 받게 될 비판을 쉽게 직면하지 못하고 문제점을 무시해 버리거나 회피하는 경향이 있다. 타인의 비난에 직면하고 수용할 수 있도록 노력하라.
2. 속단하는 경향이 있으며 "이렇게 되어야 한다" "저렇게 되어야 한다" 는 마음의 규율이 많다. 융통성을 길러라.
3. 반대의견에 부딪쳤을 때나 자신의 요구가 거절당할 때 지나치게 개인적으로 받아들여 마음의 상처를 쉽게 입는 경향이 있으므로 객관성을 키울 필요가 있다.

ESFP (사교적인 유형)

외향성 감각형 (낙천가, 현실가, 접대자, 사교가)
S(주기능) F(부기능) T(3차기능) N(열등기능)

사교적인 유형의 ESFP 유형은 현실적이고 실제적이며 친절하다. 논리적 분석보다는 인간중심의 가치에 따라 결정을 내린다. 동정적이고 사람들에게 관심이 많고 재치가 있고 꾀가 많다. 사람이나 사물을 다루는 사실적인 상식이 풍부하고 운동을 좋아하며 주위에 벌어지는 일에 관심이 많아 끼어 들기를 좋아한다. 추상적인 이론보다는 구체적인 사실들을 잘 기억한다. ESFP는 삶을 즐기고 사람을 좋아하기 때문에 좋은 친구들이 주변에 늘 많이 있다. 물질적인 소유를 좋아하므로 그것을 얻기 위해 노력하며 좋은 음식이나 의상, 음악과 예술을 즐기고 운동과 스포츠를 좋아하며 참여하기를 즐긴다. 수다스럽고, 깊이가 결여되거나 마무리를 등한 시 하는 경향이 있으나 어떤 조직체나 공동체에서 밝고 재미있는 분위기를 조성한다. 이론이나 책을 통해 배우기보다 실생활을 통해 배우는 것을 선호한다.

ESFP의 적합직업

상식과 실제적 능력을 필요로 하는 분야의 일 즉, 의료, 판매, 교통, 유흥업, 간호직, 비서직, 비행기 승무원, 사무직, 노무사, 감독직, 기계를 다루는 분야를 선호한다. 배우, 연기자, 무용수, 안무가, 리포터, 레크레이션진행자, 이벤트 코디네이터, 코미디언, 행사도우미, 나레이터모델, 인터넷방송연출자, 쇼핑호스트, 사회사업가, 놀이치료사, 샵매니져, 패션코디네이터, 플로리스트, 스타일리스트, 체형관리사, 초등학교 교사 ,보육사,운동코치, 사회복지사, 특수 교육교사, 알코올 및 약물중독 상담원, 아동복지 상담가, 개 조련사 진료보조원, 간호조무사, 물리치료사, 가정보건보조원, 안마사, 식이요법사, 영양사, 안경사, 응급구조사, 운동생리학자, 방사선과 기사, 호흡치료사, 수의사 ,작업치료사, 여행사 직원, 여행상품 판매원, 사진사, 소매업자, 홍보전문가, 기금조달자, 상품기획자, 부동산중개인, 마케팅 전문가, 웨이터, 웨이트리스, 경찰, 교도관

ESFP 의 개발할 점

1. 삶의 방향감각을 설정하고 자기의 주장을 이끌고 나가는 판단기능을 개발할 필요가 있다.
2. 논리적이고 분석적인 기능을 개발해야 한다.

3. 일과 레크리에이션을 잘 조정하여 조화시킬 필요가 있으며 시간관리
   를 위해 노력하라.
4. 일을 시작하기 전에 전체적인 계획을 세울 필요가 있고 시작한 일을 마
   무리 하도록 노력해야 한다.

ENTJ —지도자형

외향성 사고형 (지도자, 통솔자, 정책자, 활동가)
T(주기능) N(부기능) S(3차기능) F(열등기능)

　지도자형인 ENTJ 형은 매우 활동적이고 조직적이다. 장기계획을 선호
하며 논리적이고 분석적인 일을 잘 처리할 수 있다. 확실하지 않은 일을
계획하거나 진행해야 할 때 인내심을 필요로 하며 비능률적인 일을 싫어
하고 사전준비를 철저하게 계획하여 체계적으로 목적달성을 추진시키는
추진력과 결정능력 그리고 통솔력이 강하며 솔직하고 거시적인 안목을
가진 지도자형이다. 지적 호기심이 강하고 자기개발의지가 매우 강한 이
들은 경력을 개발하고자 하는 의향이 많고 조직 내에서 관리책임을 즐겨
맡으며 정치나 군대, 사업체, 교육계, 공무원 등의 업종에서 책임자의 직
위까지 오르는 것을 목표로 삼는다. 직관이 발달한 이들은 전체에 대한
관심과 다양한 분야에서 새로운 아이디어에 흥미가 매우 많지만 세부사
항의 중요성을 간과할 수 있다. 그러므로 현재 상황이 처해있는 현실적인
사항들을 치밀하게 처리하는 감각성향의 사람들의 의견에 귀 기울일 필
요가 있다.

ENTJ의 적합직업

기업고위임원, 최고경영자, 인사담당 이사, 경영컨설턴트, 공인노무사, 도시계획설계가, 대체에너지개발연구원, 로봇연구원, 가상현실전문가, 현장관리 및 감독, 경영지도사, 보도기자, 특허전문가, 광고제작감독, 방송PD, 정치 및 사회학연구원, 정신보건사회복지사, 선장 및 항해사, 영화감독, 인터넷홈페이지개발자, 헤드헌터, 항공사진측량 및 분석가, 법조인, 증권투자전문가, 금융자산관리자, 개인투자상담가, 펀드매니저, 경제분석가, 신용조사원, 주식중개인, 증권인수업자, 세일즈 매니저, 마케팅매니저, 네트워크 통합전문가, 기술고문, 신규사업개발자, 마케팅관리자, 매체기획자, 국제세일즈및마케팅, 프랜차이즈경영자, 제약판매책임자, 보건의료행정가, 정신과의사, 기업재정변호사, 비즈니스컨설턴트, 교육컨설턴트, 프로그램디자이너, 경영트레이너, 고용개발전문가, 조사관계전문가, 보안 컨설턴트, 팀교육전문가, 변호사, 판사, 지적재산권변호사, 생의학엔지니어, 환경기사

ENTJ의 개발할 점

1. 가장 열등기능인 감정을 개발하기 위하여 관념이면의 사람에 대한 관심과 타인의 감정에 대해 배려하며 자신의 감정과 느낌에 대해 솔직하게 인정하고 표현할 필요가 있다.
2. 비논리적 이라는 사실을 잘 안다 하더라도 다른 사람의 의견과 장점에 대해 인정하고자 하는 노력이 필요하다.
3. 성급하고 참을성 없고 강압적으로 보이기 쉽다는 사실을 유념해야 한다.

나흘이 기쁠
하는
하늘 아는 자해

ENTP – 발명가형

외향성 직관형 (창의자, 활동가, 능력가, 해결사)

N(주기능) T(부기능) F(3차기능) S(열등기능)

발명가형인 ENTP 형 이들은 독창적이고 창의력과 상상력이 풍부하며 다방면에 재능이 많고 행동이 민첩하고 솔선수범하며 자신감이 늘 넘치는 열정가이다. 다른 사람을 판단하기보다 이해하려고 노력하며 사교적이고 유머감각이 뛰어나며 남을 비판하거나 잔소리를 하지 않는다. 복잡한 문제해결에 능하고 새로운 도전이 없는 분야에는 흥미가 없으나 관심 있는 분야에는 지칠 줄 모르는 에너지로 밀어붙이고 늘 새로운 프로젝트를 찾아 나선다. 이들은 또한 긴급한 상황에 대처하는 탁월한 능력을 보인다. 항상 새로운 가능성에 대한 도전에 관심을 갖는다.

ENTP의 개발할 점

1. 판단기능을 개발하고 일상적이고 세부적인 일에 주의를 기울이며 규범이나 질서를 무시하지 않기 위해 노력할 필요가 있다.
2. 최악의 상황에서 변덕을 부리거나 경솔해지며 쉽게 좌절하기도 한다.

ENTP의 적합직업

단조롭지 않은 직업분야에서 성공할 가능성이 높은 이들에게는 발명가, 과학자, 문제해결사, 정치인, 정치분석가, 칼럼니스트, 저널리스트, 인사시스템개발자, 마케팅전문가, 전략기획자, 컴퓨터 분석가, 프로젝트개발자, 국제마케터, 홍보전문가, 광고기획자, 신규사업개발자, 네트워크

통합전문가, 토크쇼진행자, 언론인, 프로그램개발자, 전자제품설계기술자, 메타트로닉기술자, 인터넷쇼핑몰구축자, 인터넷 마케팅 담당자, 재정상담가, 산업디자인, 게임딜러, 컴퓨터공학기술자, 컴퓨터프로그래머, 토크쇼사회자, 프로듀서, 사회과학자, 부동산 중개인, 물류관리컨설턴트, 도시계획자, 투자은행가, 홍보전문가, 마케팅 조사원, 스포츠마케팅, 아트디렉터, 국제마케팅, 정보그래픽 디자이너, 전자출판 전문가, 카피라이터, 칼럼니스트, 기업가, 경영컨설턴트, 벤처기업가, 저작권대행업자, 사진작가

ENFJ - 언변능숙형

외향성 감정형 (지도자, 교사, 언변가, 협조자)

F(주기능) N(부기능) S(3차기능) T(열등기능)

언변능숙형인 ENFJ 들은 인화를 매우 중요하게 여기며 사람들에게 친절하고 재치 있고 성실하며 동정심과 동료애가 강하다. 행동이 빠르고 참을성이 많다. 공동의 선을 위해서는 타인의 의견을 존중하고 새로운 아이디어에 대한 호기심이 강하다. 쓰는 것 보다는 말로 자신의 생각을 잘 표현한다. 편안하고 능수능란하게 계획을 세우고 조직을 이끌어 가는 능력이 있으며 매우 사교적이어서 사람들을 좋아하고 타인의 장점을 때로는 지나치게 이상화하고 맹목적인 충성을 보이기도 한다. 타인의 인정과 칭찬을 받으면 맡은 일에 열중하나 비판에 민감하다. 조화 있는 인간관계에 높은 가치를 두며, 우호적이고 재치가 있으며 동정심이 있다. 또한 이들은 끈기가 있고 성실하며 작은 일에도 순서를 따르고 다른 사람들에 대해

서도 자기와 같을 것이라고 생각하는 경향이 있다. 그들의 기쁨과 만족의 대부분은 주위사람들의 감정에서 기인한 온정으로 부터 온다. 또한 자신의 존경하는 인물, 제도 혹은 이념을 지나치게 이상화 하는 경향도 있다. ENFJ들은 인간관계를 이상화하는 경향이 있다.

남들에게 대단히 관대하고 비평을 하지 않으며 언제나 믿을 수 있다. 사회생활에 유능하며 친구를 사귀는 일과 이성교제에 능숙하다. 사물이 정리되고 조직화되는 것을 좋아한다. 타인의 무관심에 민감한 ESFJ와는 달리 ENFJ는 타인의 평가에도 초연하다. ENFJ는 항상 다른 사람을 기쁘게 하려고 노력하며 가정생활이 순조롭지 못할 때는 자기의 책임으로 생각한다.

책에 관심이 있고 이론적인데 재능이 뛰어난 경향이 있지만 그것을 글로 쓰기보다는 청중에게 말하는데 이용한다. 그들은 표현에 천부적 자질을 가지고 있어서 커뮤니케이션에 능하며 다른 사람들과 협력하는 일을 좋아한다.

ENFJ의 개발할 점

1. 간결하고 객관적인 시각을 갖기 위해 노력하며 자신의 개인적, 감정적 확장이 업무추진을 저해하지 않도록 노력해야 한다.
2. 타인에 대하여 지나치게 이상화하는 경향이 있으므로 맹신적 충성을 주의하고 사람에 대한 관심만큼 일에 있어서도 세부사항에 관심을 가질 필요가 있으며 일의 우선순위에 따라 적절하게 시간관리를 할 필요가 있다.

ENFJ의 적합직업

언어가 유창하여 사람을 다루는 일(특히 사람을 직면하는)이면 기대이 상으로 기여할 수 있다. 매스컴, 성직자, 무대, 영화, 탁월한 의사, 카리스 마적인 스승, 뛰어난 경영인, 개성 있는 판매자가 될 수 있다. ENFJ의 재 능이 유용하게 활용되지 못하는 분야가 있는데 회계계통이며 이 분야는 피해야 한다. 사람을 다루고 행동을 요구하는 분야의 일에서 능력을 발휘 한다. 교직, 사무, 심리 상담치료, 예술, 문학, 외교, 판매분야 ,

ENFP (스파크형)

외향성 직관형 (열성가, 작가, 참여가, 외교술가)
N(주기능) F(부기능) T(3차기능) S(열등기능)

스파크형인 이들은 충동적 에너지를 가지고 있어서 즉흥적으로 일을 해결하는 경향이 있고 솔선수범한다. 낙천적이며 열성적이고 창의적이 다. 관심이 있는 일에는 열성적으로 뛰어들어 일을 처리하며 뛰어난 통찰 력으로 사람 안에 있는 발전가능성을 들여다보고 다른 사람들이 프로젝 트에 흥미를 가지게 하며 다른 사람들을 잘 도와주며 사람들 사이에서 얽 혀있는 문제들을 잘 해결한다. 타인의 동기를 알아내는 초인적 감각을 가 지고 있으며 지나친 긴장이나 민감함으로 인하여 신체적 긴장으로 스트 레스를 겪는다. 다양한 사람들과 폭넓은 관계를 가지며 경력과 인간관계 를 넓게 유지하기 위해 힘을 쏟는다. 조직을 어지럽게 하는 사람들에 대 해 우호적인 경향으로 오히려 자신이 어려움에 처할 수 있다. 무미건조한 일상생활에는 흥미가 없으며 항상 새로운 아이디어와 활력을 추구한다.

ENFP의 개발할 점

1. 반복되는 일상적인 일을 견디기 어려워 하며 관련 세부사항을 간과한다.
2. 늘 새로운 것에 대한 호기심이 강하여 기존업무를 완수하기 전에 새로운 것으로 쉽게 옮겨가며 지나치게 확장하고 너무 많은 일을 벌이는 경향이 있다. 그러므로 관심이 가는 모든 것을 시도하기 보다는 일의 우선순위를 선별하는데 노력을 기울일 필요가 있으며 일의 우선순위에 따라 시간을 적절하게 사용하기 위해 노력하라.

ENFP의 적합직업

상담이나 교육방면에서 능력을 발휘하며 어느 분야에서든지 대체로 재능을 잘 발휘할 수 있다. 저널리스트, 시나리오 작가, 극작가, 칼럼니스트, 성격배우, 뉴스캐스터, 실내 장식가, 만화가, 예술가, 리포터, 편집자, 그래픽 디자이너, TV 연출가, 홍보 전문가, 마케팅 컨설턴트, 광고기획자, 카피라이터, 광고회사 책임자, 전략 기획자, 아트디렉터, 커리어컨설턴트, 재활사업가, 임상심리학자, 언어 치료사, 경영 컨설턴트, 과학, 저널리즘, 광고, 판매, 성직, 목회, 작가, 발명가, 판매요원, 홍보활동가, 정치인, 극작가 등이다.

INTJ – 과학자형

내향성 직관형 (과학자, 이론가, 발명가, 독창가)
N(주기능) T(부기능) F(3차기능) S(열등기능)

과학자형인 이들은 냉철한 혁신을 추구하며 내적 신념이 강하고 행동과 사고가 독창적이며 가장 독립적이고 단호하다. 문제에 직면했을 때 자신이 가진 영감과 목적을 실현코자 하는 강한 의지와 인내심을 가지고 있다. 이들이 가지고 있는 명철한 분석력으로 인하여 일이나 사람에 대하여 있는 그대로를 보고자 노력하는 타인 수용이 필요하며 현실을 있는 그대로 보고 구체적이고 사실적인 점들을 볼 수 있도록 노력해야 한다. 복잡한 문제해결을 위해 자신이 가지고 있는 조직력을 발휘하고 추진시키며 강한 고집을 드러내기도 한다. 사적인 일에 대한 관심보다는 조직 그 자체에 관심이 매우 크기 때문에 조직에 충성을 보이고 헌신하며 강한 성취욕구를 가지고 있다. 이들은 일에 있어서 매우 열심히 일하며 목표달성에 흔들림이 없고 자기 자신이나 동료, 그리고 고용인의 입장일지라도 시간이나 노력을 헛되이 낭비치 않도록 하는 일에 매우 높은 비중을 두기 때문에 책임자의 위치에 있는 경우가 많다.

INTJ의 개발할 점

1. 타인의 감정을 고려하고 타인의 의견을 수용하는 태도를 개발해야 할 필요가 있다.
2. 업무에 있어서 불필요한 시간낭비나 물적자원의 낭비, 비효율적인 일이 발생함을 참지 못한다. 심지어 잡담하는 일조차 시간낭비로 여기는 이들은 이를 허용하고 받아들이는 일이 어려워 개선에 대한 혁신적 의견을 표현함으로써 다른 사람들에게 비판적인 이미지로 비춰질 수 있음을 유의해야한다.
3. 미래지향적인 이들은 자신의 아이디어가 비현실적일 때 단호하게 포기할 수 있어야 한다.

INTJ의 적합직업

　강한 직관력과 통찰력을 가지고 있으나 반복되는 일상에서는 능력을 발휘하기 어렵다. 기술의 창조나 응용에 적합하여 엔지니어링이나 발명 분야의 직업에 적합하고 인간공학에 관심이 많고 본질적 근원에 대한 높은 관심으로 정신의학자, 신경과의사, 약리학자 및 철학분야에 공헌하기도 한다. 자연과학분야의 직업에 적합하여 과학자, 컴퓨터프로그래머 및 컴퓨터시스템분석가, 소프트웨어 및 시스템개발자, 천문학자, 생의학연구원에 적합하며 이론적 분석에 능한 이들은 경영분석가, 국제금융인이나 경제학자, 투자상담가로서 높은 성공률을 보인다. 직관력이 강한 이들은 창의력을 발휘하는 예술분야에 있어서도 디자이너, 건축가, 그래픽디자이너, 기획자, 아트디렉터에 적합하다.

INTP - 아이디어뱅크형

내향성 사고형 (건축가, 철학가, 과학자, 이론가)
T(주기능) N(부기능) S(3차기능) F(열등기능)

　아이디어뱅크형으로 불리는 이들은 논리적 사고기능에 의존하며 매우 분석적이고 객관적이며 비판적인 이들의 성향은 이론에 치우치는 경향이 종종 있지만 어떤 아이디어가 가지고 있는 중요한 원칙을 찾고 분석하는 일에 능하다. 강한 직관력은 통찰력과 지적호기심을 자극시키며 연구에 대한 집중력을 강화시킨다. 자연이나 우주의 신비에 대한 호기심은 이들로 하여금 연구에 몰두하게 하는 원동력이 된다. 조용하고 과묵하지만 관심 있는 분야에 대해서는 말을 잘 한다. 인간관계에 있어서 시끄러움을 피하고 파티나 잡담을 싫어하며 타인들 앞에 나서거나 유명해지를 좋아하지 않는 엄격한 감독자이며 다른 사람들에게 방해 받지 않고 조용하게 혼자 일하고 싶어 한다. 부모로서 이들은 매우 헌신적이고 교육에 있어서 진지하며 비교적 안정적인 가정을 잘 꾸려 나간다. 자신의 지적 능력을 은근히 과시하며 지적 능력이 자신보다 낮은 사람들을 못 견디어 하는 경우가 있어서 때로는 거만하게 보이기도 한다.

INTP의 개발할 점

1. 자신의 생각을 간단하게 표현하고 타인을 이해시키는 능력이 요구된다.
2. 추상적이고 비현실적이므로 현재사항에 초점을 맞추도록 노력해야한다.
3. 일상적인 사무업무와 세부적인 일에 관심을 갖도록 노력해야한다.
4. 지나치게 비판적이고 분석적인 사고에서 타인의 노력을 인정하고 감정을 배려하며 인간적인 면을 고려하는 훈련이 필요하다.

INTP 의 적합직업

순수과학분야, 엔지니어링 분야, 심리학 분야, 경제학분야, 투자전문가, 시스템분석가, 시스템엔지니어, 네트워크통합전문가, 세트디자이너, 멀티미디어연출가, 교육용소프트웨어개발자, 전자출판전문가, 건축가, 정보서비스개발자, 수학자, 고고학자, 철학자, 역사학자, 연구 및 개발전문가, 가상현실전문가, 로봇연구원, 기계공학기술자, 대체에너지개발연구원, 에너지공학기술자, 웹엔지니어, 서체디자이너, 출판물디자이너, 물리학연구원, 천문기상연구원, 공산품디자이너, 증권투자분석가, 품질시험연구기술자, 공인회계사컴퓨터 및 기술개발 분야, 컴퓨터 소프트웨어디자이너, 컴퓨터 프로그래머, 연구 및 개발 전문가, 데이터베이스관리자, 신규사업개발자, 경영컨설턴트, 재정상담가, 투자자문전문가, 신경과의사, 물리학자, 성형외과의사,약사, 수의사, 과학자, 제약회사연구원, 생의학엔지니어, 예술가,극작가, 소설가, 만능디자인 건축가, 매체 기획자, 편집자

INFJ - 예언자형
내향성 직관형 (예언자, 현자, 예술가, 신비가)
N(주기능) F(부기능) T(3차기능) S(열등기능)

　열정과 신념으로 자신이 믿는 영감을 구현시켜 나가는 위대한 정신적 지도자들이 많다. 창의력과 통찰력이 뛰어나며 강한 직관력으로 진실된 관계를 추구하며 뛰어난 영감으로 말없이 타인에게 영향력을 끼친다. 자기 안에 갈등이 많고 복잡하며 독립적이고 개인적인 경향을 띠지만 그들의 내면적인 독립성은 조화와 인화에 가치를 두기 때문에 표면으로 드러나지는 않는다. 홍보, 교섭에도 탁월하며 동료와의 관계에도 유대가 강하다. 인화를 염두에 두고 조직이 원활하게 운영되기를 바라며 그렇게 기여하는데 최선을 다한다. 타인의 복지에 기여하고 동료를 돕는 일을 기꺼이 받아들이며 사람에 대한 정신적 현상을 잘 이해하는 능력을 가지고 있다.

INFJ의 개발할 점

1. 현실을 있는 그대로 수용하고자 하며 현재를 즐기려고 하는 노력이 필요하다. 또한 사실적이고 구체적인 것을 보는 습관과 현실감각을 키우는 것이 필요하다.
2. 조직 내의 정치성과 자신의 아이디어를 전달, 옹호할 기법을 육성할 필요가 있다.
3. 타인에게 강요하지 못하며 비판에 정면으로 도전하지 못하여 지나치게 자신에게 의존하는 경향이 있다.

INFJ의 적합직업

직관력과 사람중심의 가치를 중시하는 분야에서 INFJ는 능력을 발휘한다. 예를 들면 고등교육, 목회, 심리학, 심리치료와 상담, 예술과 문학분야이다. 테크니칼한 분야로는 순수과학, 연구와 개발 분야로써 새로운 아이디어와 시도에 대한 열성이 대단하다. 전공으로는 인문계열 혹은 사회과학계열을 택하고, 직업으로는 사람과 상호 관련짓는 일 을 선호하며 그중에도 일대 일의 관계를 가지는 일을 택하기 때문에 일반의사, 정신과의사, 심리학자가 많다. 또는 성직이나 목회에도 매력을 느낀다. 상상력을 요하는 언어를 잘 사용하고 비유법의 대가가 많으므로 집필에 대하여 집중력과 통찰력, 창의력이 뛰어나다. 그러므로 글을 쓰는 일이나 동시통역이나 번역에 뛰어난 능력을 보인다. 직업상담원, 임상심리학자, 교육컨설턴트, 아동복지상담원, 종교사업가, 사회복지사, 인테리어디자이너, 소설가, 시인, 교육용소프트웨어개발자, 편집자, 의료기관행정가, 영양사, 인사관리담당자, 동시통역 및 번역가

INFP - 쟌다르크형

내향성 감정형 (탐색가, 예술가, 신념가, 이상가)

F(주기능) N(부기능) S(3차기능) T(열등기능)

　자신이 관계하는 사람이나 일에 대하여 책임감이 강하고 성실하며 자신이 지향하는 이상에 대하여는 정열적인 신념을 지니고 있다. 마음이 따뜻하고 자신이 지닌 내적 성실성과 이상 그리고 깊은 감정과 부드러운 마음을 좀처럼 표현하지 않지만 조용하게 생활 속에서 베어 나온다. 그러나 상대방을 잘 알기 전에는 표현을 쉽게 하지 않는다. 이해심과 적응력이 뛰어나고 관대하며 개방적이다. 그러나 내적인 신의가 위협을 당한다고 생각되면 조금의 양보도 없으며 남을 지배하거나 좋은 인상을 주고자 하는 경향이 거의 없다. 자신의 이상에 맞는 일에 있어서 관심을 가질 때 완벽주의로 나가는 경향이 있으며 자신의 신념과 이상에 부합되는 일에 몰두하는 경향이 있다. 내면의 가치에 대하여 존중감을 지니는 이들은 자신이 믿는 사람이나 대의명분을 위해서 희생을 아끼지 않는다. 맡겨진 일과 직장에 적응을 잘하며 타인의 정서를 잘 이해하고 원만한 관계를 갖지만 약간의 심리적인 거리는 유지한다. 업무도중 전화응답을 싫어하며 반복되는 일에 인내심이 없다. 배우자로서는 언약한 것을 꼭 지킨다. 조화롭게 살고자하며 분쟁을 피하기 위해서 타인의 감정에 민감하고 좋아하는 사람을 기쁘게 하는 것을 즐거워한다. 따라서 부부생활을 하는데 기쁨을 만끽하도록 자신을 해이하게 내버려두지 않는다. 애정표시를 직접적으로 하지 못하면 관심사를 말하거나 애정을 간접적으로 표시한다.

INFP의 개발할 점

1. 자신의 이상과 현실이 안고 있는 실제상황을 객관적으로 고려할 필요가 있으며 많은 사람들을 만족시키고자 하는 부담에서 벗어나려는 노력과 함께 객관적인 입장을 취하는 태도가 필요하다.
2. 지나친 완벽주의자가 되지 않기 위해 노력하며 행동계획을 세우고 자신의 주장을 가지고 타인의 요청을 거부할 수 있도록 노력해야 한다.

INFP의 적합직업

성직자, 교수직(인문, 과학, 예술분야), 정신과의사, 심리학자가 적합하다. 학술적 활동에 천부적인 관심을 나타내며 언어에 대한 탁월한 재능을 보여준다. 타인을 돕는 소명감을 의식하고 직업이 요구하는 희생을 기꺼이 감수한다. 새로운 아이디어에 대한 호기심이 많고 통찰력과 긴 안목으로 앞을 내다보는 이들에게는 언어, 또는 학문분야와 작가, 등에 INFP형이 대체로 많으며 심리학이나 상담분야, 문학, 과학예술 분야에서 능력을 발휘한다. 인간이해와 인간복지에 기여할 수 있는 일을 하기를 원한다. 자기 자신의 개성을 성격묘사에 응용할 수 있기 때문에 성격배우에 적합하다. 미술가, 소설가, 저널리스트, 편집자, 음악가, 아트디렉터, 임상심리학자, 카운슬러, 사회복지사, 교육컨설턴트, 특수교육교사, 아동복지. 법률중재자, 목사, 성직자, 종교교육자, 전도사, 언어치료, 고용전문가, 인력자원전문가, 인력개발컨설턴트, 헤드헌터, 노사관계 전문가, 갈등해결 중재자

나의 MBTI 유형 이해하기

(   ) 유형

장점 :

1)

2)

3)

약점 :

1)

2)

3)

보완점 :

1)

2)

3)

보완하기 위한 행동실천전략 :

1)

2)

3)

MBTI 유형 특성에 맞는 직업 및 진로 찾기

1)

2)

3)

4)

5)

   자신이 누구인지, 무엇을 잘 할 수 있는지, 무엇을 좋아하는지, 어떤 일이 적합한지, 어떤 사람을 만나면 행복하고 편안한데 어떤 사람을 만나면 괜히 불편하고 어렵게 느껴지는지, 자신의 강점과 약점은 무엇인지, 어떻게 보완해야하는지에 대한 답을 찾아보는 즐거운 마음여행이 되셨나요? 쉽고 단순하게 찾아 가는 마음여행길을 준비하면서 오랫동안 고민해왔습니다. 마음여행에 안내자가 되어 여러분 자신의 행복한 모습을 찾아내고 참된 자신의 모습으로 살아가는데 조금이나마 도움이 되었기를 기대합니다.

   세상에서 가장 큰 적은 자기 자신이며 가장 큰 성공은 '자기' 를 이기는 자라고 했습니다. 자기를 이기기 위해서는 '자기' 에 대한 철저한 탐구가 필요합니다. 또한 가장 큰 고객 역시 '자기 자신' 입니다. 자신을 가장 행복하게 만족시킬 줄 아는 사람은 타인 역시 행복하게 해줄 수 있는 능력과 방법을 알고 있는 지혜로운 사람입니다. 필자가 커리어, 이미지, 라이프 컨설팅을 진행하면서 얻게 된 경험은 자기 자신을 정확히 아는 사람일수록 성공가능성이 높아진다는 사실입니다. 자신과 타인에 대한 민감함으로 상황에 따라 신속한 대처가 가능한 지혜롭고 현명한 사람이기 때문입니다.

   그 다음에는 정확히 파악된 자신에 대한 '셀프마케팅기술' 이 필요합니다. '자기다움' 의 방식과 가치를 드러낼 수 있도록 아름답게 포장하여 다른 사람들에게 알려줌으로써 세상과, 타인과 소통하며 긍정에너지를 상승시킴으로 더욱 멋진 자신으로 승화시켜가는 것이지요.

아무쪼록 본서를 통하여 '자기다움'을 발견하는 아름다운 마음여행이 되셨기를 기대합니다.

본서가 세상에 출간될 수 있도록 오랫동안 간절한 소망을 가지고 준비해온 내 안에 '자기'에게 부끄럽지만 가장 먼저 격려의 박수를 보내며, 첫 출간의 미숙함을 다듬어 개정판으로 다시 여러분들을 만나게 된 기쁨에 감사드립니다.

곁에서 지켜보며 간절한 마음으로 딸을 위해 기도하시며 힘이 되고 격려가 되어주시는 어머니! 엄마! 존경하고 사랑합니다. 세상에서 가장 소중한 친구 같은 두 딸 지원, 예원에게도 감사와 사랑의 마음을 전하며, 부족한 원고를 소중히 보시고 출간할 수 있도록 도움을 주신 높은오름 김복순대표님과 직원 여러분들께 진심으로 감사드립니다.

제 인생길에 스승이 되어주시는 정민승교수님, 이제경교수님, 염철현교수님, 이의길교수님, 김경호교수님, 김애련교수님께 지면을 빌어 감사드립니다. 현장에서 많은 사례를 통하여 좋은 경험을 할 수 있도록 기회를 주신 한국알앤씨 김승주사장님과 이영희상무이사님께 감사드립니다. 아울러 늘 조언을 아끼지 않으시는 (주)TNT인재개발원 자문교수님과 파트너강사님!, 연구회 가족 모두에게 진심으로 감사한 마음을 전합니다.

예곡 오 미 라 드림

www.오미라.com

참고문헌

최정윤, 심리검사의 이해, 학지사

노안영, 강영신, 성격심리학, 학지사

홍종락옮김, 팀라헤이지음, 성령과 기질, 생명의 말씀사, 2004

안태성, 관상 · 체질로 보는 얼굴이야기, 형설.

이순만, 2004

한국MBTI연구소 (주)어세스타

김기혁 외, 고객유형별 맞춤이 경쟁력이다. 북갤러리, 2007.

정창환 얼굴여행, 오두막, 2006.

유정희, 이향련, 이의주, 사상체질별 스트레스인지와 대처방법, 2003.

윤상원, 갈원모, 사상체질과 작업특성간의 실증적 상관관계 연구, 2000.

박지원, 사상체질에 따른 임상적 진단검사 결과 비교, 2003.

박효인, 융의 심리학적 유형과 사상체질 및 성격특성의 관계, 1999.

조금희, 부부관계개선을 위한 의사소통프로그램, 명지대학교 사회복지대학원석사논문, 2004.

홍경자, 자기주장과 멋진 대화, 학지사

신정길 외 옮김, 나를 찾아 떠나는 자기분석여행, 시그마프레스

황태연, 사상체질과 리더십, 들녘, 2003.

박 현, 사상체질과 인간관계, 홍익출판사, 2002.

류종형, 사상체질

도홍찬, 러너코리아 DISC 과정

반태섭, 한국치유문화원, 기질과정

오 미 라

㈜ TNT' 오늘과 내일' 인재개발원 대표이사

- 미라평생교육원장
- 한국기술교육대학교 HRD 전문대학원 진로 및 직업상담 전공
- Lordland university 상담심리학 명예박사
- 한국도형심리코칭연구소 소장
- 아시아커리어컨설턴트협회장
- 前 (사)한국평생교육사협회 이사
- 前 (사)한국이미지메이킹학회 이사
- 前 ㈜한국리서치앤컨설팅 선임전문위원 / JPM
- 前 SK 에너지 울산 Career E.A.P Consulting 수행 / JPM
- 한국 HRD 우수프로그램 대상 수상 국가평생교육진흥원장 (2013년)
- HRD협회 2013년 Best 전직지원 추천 강사
- KBS1 T.V '일자리119' 방송출연 도형심리로 채용면접보기 출연
- 한국경제 TV 직업방송 '커리어컨설턴트' 직업소개 강의
- 일자리방송 '직업트랜드' (2009. 07~)
- 저서 : 도형심리로 나를 읽는 기술 타인을 아는 지혜 높은 오름, 2010
         도형심리로 '통' 하는 관계심리학, 북셀프, 2010
- TNT GPA 도형심리검사지, 도형심리인성개발카드, 코칭스킬 분석카드 개발자

저자와 함께 하는 도형심리전문가 과정 안내

개인 상담 및 코칭
외부 특강 및 교육과정 운영
www.tnthrd.com / 티앤티에이치알디 닷 컴
www.도형나라.com

我 · 他 · 通
개인과 조직의 소통 혁신 프로그램

도형심리검사의 활용범위

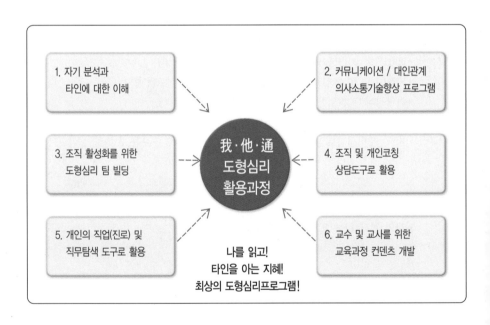

1. 자기 분석과
   타인에 대한 이해

2. 커뮤니케이션 / 대인관계
   의사소통기술향상 프로그램

3. 조직 활성화를 위한
   도형심리 팀 빌딩

我 · 他 · 通
도형심리
활용과정

4. 조직 및 개인코칭
   상담도구로 활용

5. 개인의 직업(진로) 및
   직무탐색 도구로 활용

6. 교수 및 교사를 위한
   교육과정 컨덴츠 개발

나를 읽고!
타인을 아는 지혜!
최상의 도형심리프로그램!

我·他·通
개인과 조직의 소통 혁신 프로그램

도형심리전문가 직업전망

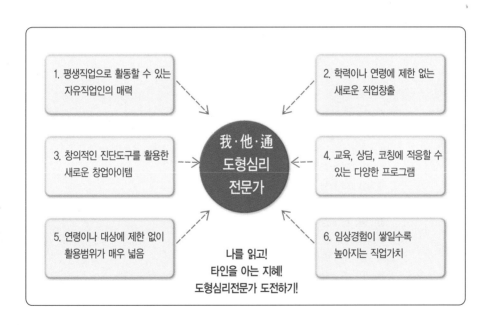

1. 평생직업으로 활동할 수 있는 자유직업인의 매력

2. 학력이나 연령에 제한 없는 새로운 직업창출

我·他·通
도형심리
전문가

3. 창의적인 진단도구를 활용한 새로운 창업아이템

4. 교육, 상담, 코칭에 적응할 수 있는 다양한 프로그램

5. 연령이나 대상에 제한 없이 활용범위가 매우 넓음

6. 임상경험이 쌓일수록 높아지는 직업가치

나를 읽고!
타인을 아는 지혜!
도형심리전문가 도전하기!

도형심리로
나를 읽는 기술 타인을 아는 지혜

초 판 1쇄 발행 | 2010년 3월 1일
개정판 1쇄 발행 | 2013년 8월 1일
지 은 이 | 오미라
발 행 인 | 김복순
편집디자인 | 전익노
펴 낸 곳 | 도서출판 높은오름
주 소 | 서울 성수동 성수2가 333-15 한라시그마2차 512호
전 화 | 02-497-1322~4 / FAX.02-497-1326
홈 페 이 지 | www.kidari.co.kr

값 11,000원
ISBN 978-89-86228-64-9 03180